大夏书系·教师专业发展

阅读，让教育变好

Yuedu,
Rang Jiaoyu
Bianhao

朱煜 编著

华东师范大学出版社
ECNUP
全国百佳图书出版单位

图书在版编目（CIP）数据

阅读，让教育变好/朱煜编著.—上海：华东师范大学出版社，2016
 ISBN 978 - 7 - 5675 - 5886 - 1

Ⅰ.①阅... Ⅱ.①朱... Ⅲ.①读书方法—研究
Ⅳ.①G792

中国版本图书馆 CIP 数据核字（2016）第 283791 号

大夏书系·教师专业发展

阅读，让教育变好

编　　著	朱　煜
策划编辑	朱永通
审读编辑	朱　颖
封面设计	奇文云海·设计顾问

出版发行	华东师范大学出版社
社　　址	上海市中山北路 3663 号　邮编　200062
网　　址	www.ecnupress.com.cn
电　　话	021 - 60821666　行政传真　021 - 62572105
客服电话	021 - 62865537
邮购电话	021 - 62869887　地址　上海市中山北路 3663 号华东师范大学校内先锋路口
网　　店	http://hdsdcbs.tmall.com
印 刷 者	北京汇林印务有限公司
开　　本	890×1240　32 开
插　　页	1
印　　张	8.25
字　　数	189 千字
版　　次	2017 年 3 月第一版
印　　次	2022 年 11 月第六次
印　　数	17 101-19 100
书　　号	ISBN 978 - 7 - 5675 - 5886 - 1/G · 9957
定　　价	45.00 元

出 版 人	王　焰

（如发现本版图书有印订质量问题，请寄回本社市场部调换或电话 021-62865537 联系）

序

阅读，让"自我启蒙"成为一件可能的事

我生于1950年，比我早十来年或是晚十来年出生的人，读书的机遇要比我好一些，我们那代人读书是最少的，这个问题只要稍作思考就会明白。我上小学时正在"反右"，好多字我是看墙头大字报认识的。从做小学生起，就赶上了没完没了的"运动"，文学阅读非常少，"文革"前夕的中学，已经组织学生批判"封、资、修"，几乎所有的中外经典名著都成了"大毒草"……后来插队去当农民，称我们为"知识青年"，其实我们根本没什么"知识"，"读书"在我，不过是梦。

当年在农村，近于疯狂地寻找一切可以读的书（我读书杂，和那段经历有关），如果我不读点书，怎么能算"知识青年"？近年，常被找去作"培训"讲话，动员中小学教师阅读，总说"如果不读书，我们怎么当教师？"其实，这样的

理由，多多少少有功利主义成分。读书是个人生命需要，一如人必须需要营养需要氧气，并非为了什么名号。当年在乡间，我对书的渴望，就是想知道世界是什么样的，过去究竟发生过些什么，"别样的人们"在做什么梦……在一个精神极度贫困荒凉的时代，我梦想未来有无数可以获得的书。如今，面对无数伸手可得的书，我有些老了，视力也损伤了，然而，我仍尽可能地阅读，因为我还是"想知道"。如果没有热爱以及对世界的好奇心，生命质量会降低，作为教师的职业生命，更是如此。

如同爱因斯坦所言"只有个人才能思考"，只有个人才能阅读，读书纯粹是个人的事，特别对教师而言。要成为一名"学者"，也许很难；但想要成为一名"学习者"，很容易。时下中小学教师自觉读书的风气不够浓，是事实；可是，我在每所学校都能遇上真正的读书人，——如果你没遇上，那很可能是你没有沉下去；在一所学校待上一两个月，一定找得到爱书的教师，如果你也是个读书人的话。我的同事中有许多真正的读书人，他们远离尘嚣，安安静静地读书，与教育界的浮躁之风格格不入，不愿个人的读书时空受干扰。更让我感到庆幸的，是许多同行的阅读比我多比我广，见解深刻，这样，我就有了更多的学习机会。他们的阅读视野和经历，给我以新的启示。

有经验的读书人一般比较看重个人的阅读体验，每个人的读书经验和趣味有所不同，你的阅读和你的思考，放入你的生活，会产生独特价值。很多教师的课，有境界有风格有智慧，铸就他个人修养的，多是个人阅读史。我们可能会有这样的经验：那些在教学上"有办法"的老师，那些不以教学为苦事的老师，往往是领略了读书趣味、有深厚的阅读基础并善于思考的人。在他们，简朴的生活，高尚的追求，已成为生命方式。

　　为强调阅读的作用，人们有时会说"可以少走弯路"，的确，别人的思考和阅读经验给我们以有益的启示，别人的发现有可能让我们豁然开朗，减少损失；但无论如何，别人的见解无法替代个人阅读与思考的价值。我甚至想到，走弯路也会有风景，比之一帆风顺的幸运者，那种经历过曲折的探索之路的读书人，也许更加幸运。我长期阅读各种史料，一点点积累经验和教训，逐渐学会依据常识辨识蛛丝马迹，拂去尘埃，拨开迷雾，不以他人的判断为定说，努力追寻事实；如此多年，积累出一些教训和经验，不轻信、不激动、不盲从，时间长了，思考问题的方法也就多一些。思维方法，可能"教"不出来，即使学习，也不一定管用，必须在阅读中逐步经历、体会。观察他人的读书经验，了解他们如何阅读，如何思考，如何形成个人经验；与此同时，发展属于个人的阅读，多读多思，于是，"自我启蒙"便成为一件可能的事。

　　十多年前结识朱煜老师，因他的读书，也因他的教育精神，朱老师推介教师中的读书人，其志在乎人与未来，令我肃然起敬，遂有此一番感怀。

　　是为序。

吴　非
2016 年 10 月

目　录

赵志伟 辑

003　教育的目的是使人具有活跃的智慧
009　高人说禅空里游丝
016　一个外国人的"中国梦"
024　它山之石可以攻错
028　科学精神　淑世事业
039　书　摘

窦桂梅 辑

045　何以成为有效的教学管理者
051　谁能把亲人留住
053　也有那淡淡的哀愁
057　好得令人"心疼"
065　那儿有再次成为好人的路
075　书　摘

周益民 辑

081　你看，所有的星星都在笑

087　这一天，小王子看了多少次日落

091　窗下的小屋，飘出一支歌

096　亲历一个伟大时刻

098　快乐王子的忧和伤

101　故事长生不老

106　童话：童年的秘密花园

114　说给大家听听

117　书　摘

朱煜 辑

123　吃包子只有一个理由

126　读《绿光芒》

133　《小学生朱自清读本》导读

137　读《叶圣陶语文教育论集》

144　奥数是谁的替死鬼

149　理解不了的诗情

154　"过去竟然是这样啊……"

160　书　摘

倪峰 辑

165　跟我逛逛南京的书店吧

174　读刘旦宅国画彩绘《李时珍》札记

181　从林冲的样子说起

190　尺寸天地有文章

196　做一个有趣的老师

201　书　摘

张小兵 辑

207　穿越时空的"示众"

215　成为作者的"同谋"

225　那些"看不见"的精彩

234　"他的笔锋像一把解剖刀"

240　有些阅读，是不能打断的

245　吟不尽，唐风宋韵好辞章

250　回到真实的孔子

253　书　摘

255　编后记

赵志伟 辑

教育的目的是使人具有活跃的智慧
高人说禅空里游丝
一个外国人的"中国梦"
它山之石可以攻错
科学精神 淑世事业

赵志伟

生于1954年1月。上山下乡七年，1977年考入上海师范大学中文系。毕业后从事中学语文教学八年，再入母校读研究生。后为华东师范大学中文系副教授、硕士生导师。发表过的著作有《观察与作文》《书声琅琅》《幽默的中国人》《高中语文课程新探》《现代语文教育发展》《中国十大书法家》（与人合著）；编著有《名家名作百八篇》《初中语文课案例评点》《旧文重读》等；另发表过有关语文教育、书法论文数十篇。

教育的目的是使人具有活跃的智慧

一

有位研究生问我,何为"经典"?我说,"答不上,因为很多人看法不同,但是一定要我说的话,我认为经典有种穿越时空的力量,就是说经过一定时间人们仍然在读的书,从外国传过来中国人也喜欢读的书,或许可以称为'经典'"。例如我手头的这本小册子,怀特海的《教育的目的》。我认为是一部经典,尽管它只有八万字左右,但我至少在二十年间读过三次,每次都有收获。

最初知道怀特海是在八十年代末我读研的时候,有一次读赵祥麟、王承绪编译的《现代西方资产阶级思想教育流派论著选》;在"新教育"条目下,读到了怀特海的《教育的目的》,对他那段话印象深刻:"在现代生活的条件下,规律是绝对的,凡是不重视智慧训练的民族,是注定要失败的。"(《西方现代教育论著选》王承绪、赵祥麟编译,人民教育出版社2001年,127页)本世纪初又读了三联版由徐汝舟译的同名书;去年又重读过一次。

怀特海(1861—1947)和法国的柏格森、美国的杜威被公认为20世纪前半叶最重要的三位思辨哲学家。同时他与罗素合作完成了巨著《数学原理》,将人类的逻辑思维向前推进了一步。怀特海出身教育世家,祖父是一私立学校的校长。由于怀特海自幼身体残弱,一直在家随父亲学习,14岁才到正规学校接受教育,19岁入剑桥三一学院攻读数学,课余对文学、哲学、宗教、神学表现出浓厚的兴趣,后来在母校及戈尔德斯密斯学院、伦敦大学帝国科学技术学院和美国哈佛大学教书。他一生始终浸溶于人文主义精神环境中,因此他的教育思想具有超越时代兼有人文和科学和谐发展精神,强调智力发展,重视审美在道德教育中的意义等。虽然他的许多教育思想有理想主义成分,但不能说这种思想因为暂时无法实现就没有价值。

二

《教育的目的》是怀特海的一本论文集,收入了他的六篇文章,分别是教育的目的、教育的节奏、自由与纪律的节奏、技术教育及其与科学和文学的关系、古典文化在教育中的地位、大学及其作用。全面介绍评价本书并不是一篇短文所能胜任的,这里仅就阅读本书过程中最有体会的几点谈谈为什么怀特海的教育思想具有超越时空的力量。

"教育是人们掌握如何运用知识的艺术,这是一种很难传授的艺术。"为此怀特海反对在教育中传授那种"呆滞的思想"(一译"无活力的概念"),而传统学校教育恰恰经常让学生大脑接受这些"呆滞的思想"而不加以应用。他认为"要使知识充满活动,不能使知识僵化,而这是一切教育活动的核心"。但是当时英国一些学校普遍存在着一种"极其有害"的统一的"校外考试制度","这条有害的路由一本书或一系列讲座来体现，书和讲座几乎能使学生记住下一次校外考试中可能出现的所有问题"（8页）。他认为"校外评定员可以报告课程的情况或学生的表现，但绝不能问未经学生自己的教师严格审阅的问题，或者这个问题至少是经过与学生长时间讨论而引发出来的"。他认为这种考试是"扼杀文化的精髓的"。

联想到我们从小学一直到初中高中，普遍存在的"教研员"制度以及无数次"统测"、"统考"、"摸底"，普通教师被剥夺了评价自己学生的权利，"商业化材料"长驱直入我们的课堂。我们觉得怀特海似乎在说我们当代中国的情况，不信你看，他还说："所有的学校都受到束缚，它们不得不训练学生去应付小范围的限制性的考试，否则学校便无法生存。没有一个校长能够按照学校面临的机遇，自由地发展普通教育或专业学习……"，这难道不是我们今天面临的局面吗？

"通往智慧的唯一道路是在知识面前享有自由"这是怀特海在《自由与纪律的节奏》一文中反复强调的一点。他认为教师应该正确处理知识学习和智力、智慧发展的关系。他说："你不掌握某些基本知识就不可能聪明；但是你可以很容易地获得知识却仍然没有智慧"，怎么获得智慧？他继续说："通往智慧唯一的道路是在知识面前享有自由，但通往知识的唯一途径是在获取有条理的事实时保持纪律。自由和纪律是教育的两个要素。"（54页）他认为："自由"和"纪律"两个原则并不对立，在儿童的生活中应该对它们进行调节，使之适应个性发展的自然变化。智力的发展离不开兴趣，兴趣是一个孩子专注和领悟的先决条件。所以在他看来，纪律处于次要地位。"在教育中过分强调纪律是有害的，"他批评英国教育中过分强调知识。他解释说："知识的重要意义在于它的应用，在于人们对它的积极的掌握，即存在于智慧之中。"（57页）他说一些中学和大学毕业生经常有头脑迟钝的人，就因为他们所受的教育便是掌握在校的知识。"很遗憾，我们面临这种两难的选择：首创精神和训练缺一不可，但训练又往往会扼杀首创精神。"（63页）所以教师应该用积极的态度、极大的责任感来处理这对矛盾，"教育是一个难题，不能用一种简单的公式来解决"。

试图用一种简单"公式"来解决中小学生的教育问题，是我们教育中常见的现象。旧教育中我们过分强调纪律："教不严师之惰"，"蒙生要畏我"，如今又强调"学生为主体"，过分强调"以学生为本"。"钟摆"的忽左忽右，难道不是我们今天教育中常见的现象吗？还有教学中的流行"模式"也是把教育简单化的一种表现。

"技术教育与文科对立是错误的。"这是怀特海的另一个重要观点。在《技术教育及其与科学和文学的关系》一文中，他指出：不涉及文科的技术教育不可能完美，不涉及技术的文科教育也不能令人满意；换句话说，凡教育必传授技术和充满智慧的想象。这样培养出来的学生才能有平均的（文科）知识，又能出色地做某些事情。自斯宾塞提出"什么知识最有用"以后，西方教育打破古典的文科教育的垄断，科学知识成为中小学的"实科"，但近现代科学教育有一种挤压文科教育的趋势。

"文学以及文学形式的表述从它们在知识生活中占有的独特重要的地位隐退了。"（87页）他的观点是：仅仅有文学才能是不够的，文科和科学两种教育必须兼顾。而且多数情况下"学习是介于两种学科之间的，譬如历史和地理"。不但文科理科兼顾，而且，他认为：在文科教育中有一种偏向，即往往重视语法学习而忽视文学内容，认为那是无用的。而另一种危险却是不重视实际的日常事务的学习，好像只有"突出理想的目的才能取得成功"。这种种极端都不利于培养有用的"国民"。

他说:"多民族之间的竞争最终将取决于工厂而不是战场,胜利将属于那些受过训练的精力充沛的强者。他们在有利于自身发展的种种条件下工作,而其中不可缺少的一个条件就是艺术。"(103页)他在《古典文化在教育中的地位》一文里更是提出了对古典文化被挤出课程的担忧,他说:"将来百分之九十的学生,当他们18岁离开学校时再也不会阅读希腊语和拉丁语的学术著作。"所以"我们必须保护古典文化课程,这关系到那百分之九十的学生。如果对这百分之九十的学生来说古典文化从学校的课程中被彻底淘汰,它在其余百分之十的学生中也将很快消失"。

设想一下我们这里的情况:以语文教育为例,教育要求我们学习唐诗宋词、《红楼梦》、鲁迅;而教学的结果是使百分之九十的学生(包括大学生)走出校门,终身不爱亲近这些经典,这与我们长久以来轻视文科教育有没有关系?"学遍数理化,走遍天下都不怕"曾成为一些教师、家长乃至校长的口头禅。前不久我从网上看到某院士公然说:与其让孩子背一首唐诗还不如让他打一场篮球。去年上海小学一年级语文教材"减负",删去八首古诗之事更是成为一个"公众事件"。相反的情况有没有?也有。空洞地讲什么"生命教育",号召学生读一些不合时宜的儒家经典,以为那就是尊重传统,把教育思想搞得很混乱。

三

在教育问题上无论中外都存在着所谓的"钟摆"问题:个人与社会、自由与纪律、兴趣和努力、游戏和工作……据说有二十几对矛盾,"由于某种特定的环境和需要,人们往往侧重于矛盾的某一个方面,当情况改变、认识深化时,为了纠正已存在的片面性,又向另一个片面倾斜，即所谓矫枉必须过正。"（《西方教育学名著提要·前言》，单中惠、杨汉麟主编，江西人民出版社2000年，4页）显然，怀特海当时的"钟摆"偏向了"学生"、"自由"、"文科"一端。

但他并没有走极端，而是采用类似中国哲学的"中庸"。冯友兰先生将自己的学术使命归结为"阐旧邦以辅新命，极高明而道中庸"，其实怀特海在本书里遵循的道理也与此相似。自1950年出版《教育的目的及其他论文》一书，六十多年过去了，怀特海的文章仍然有十分重要的现实意义。这是中国教育的幸耶？不幸耶？让我们重温一下他那振聋发聩的声音："当你全面考虑教育国家的年轻一代这样重要的问题，考虑轻率的惰性导致绝望的生活、破灭的希望和全国性的失败时，你很难抑制心中的怒火。现代生活环境中的法则是绝对的。一个不重视培养智力的民族注定将被淘汰。并不是你所有的英雄行为、社交魅力、你的智慧以及你在陆地或海上取得的胜利可以改变你的命运。今天我们保持着自己的地位。明天科学又将向前迈进一步，那时，当命运之神对未受良好教育的人作出判决时，将不会有人为他们提出上诉。"（26页）是的，国家财富的增长如果不是伴随着国民素质的提高，而是国民素质的下降，那么就无法实现民族复兴。而民族复兴必依赖于教育的发展，教育必须以发展国民的智慧为目的。

2015年5月

高人说禅空里游丝

——读顾随《中国古典诗词感发》

知道顾随这个名字还是在1993年,我花两元钱特价买到一本上海古籍出版社的《顾随文集》,但是插架后有三年没读。一次,已故的商友敬老师对我说:"顾随的东西你要好好读,尤其他的《东坡词说》实在精彩。"于是我在似懂非懂之间读完了顾随的《东坡词说》。总觉得是"好东西",其他也说不出。但是他在"前言"里介绍读苏词的几句话我却记住了:"宜先依词目,尽读其词,每一首,首宜速读,以遇其机,次则细读,以求其意,最末,掩卷思之,以会其神。"我觉得这几句话可以作为读词的"不传之秘",而不仅仅是指读苏辛词。

这几年由于叶嘉莹先生经常谈到她的老师,知道顾随的人渐渐多了,又因为中小学要读古诗词尤其要考古诗词,所以坊间讲解古诗词的读物也很多。但是我总觉得中国现代研究诗词的名家很多,博洽的也大有人在,却很少有顾随讲得那么精彩,即使有些一流名家也总是比较严肃,谐趣不够。当然这是由于我阅读有限的关系。记忆中只有施蛰存先生的《唐诗百话》才有那样的机趣。近日,读了由叶嘉莹笔记整理出版的顾随讲课实录《中国古典诗词感发》（北京大学出版社，2012年），更加使我感到如果我们的老师能像老先生那样讲古诗词，还怕学生不喜欢古诗词？同时也想到我们现在中学里的古诗词学习之所以不受学生欢迎，恐怕是因为我们大家都缺少这样一些"感发"。

《感发》一书是根据叶嘉莹四十年代记录的顾随讲课实录笔记、顾随先生之女顾之京和高献红整理出版的。全书共有三卷：唐之编；宋之编，外编。再加一个"开场白"和叶嘉莹的"代序——纪念我的老师清河顾羡季先生"。唐之编共十讲，分别讲解王绩、沈佺期、陈子昂、王维、李白、杜甫、韩愈、李贺、李商隐、杜牧等。宋之编则有八讲，论宋诗与宋词，宋诗主要纵论特点及陈与义、陆游、朱敦儒；宋词则主要讲解词中的"一祖"（李煜）"三宗"（冯延巳、晏殊、欧阳修）、辛弃疾、蒋捷等。外编收集了顾先生另外四讲，第一讲介绍中国古代不受禅佛影响的六大诗人——陶渊明、李白、杜甫、韩愈、欧阳修、辛弃疾；第二讲泛论中国诗人对待大自然的三种态度：欣赏、记录、理想；第三讲泛论好诗的三个标准：知、觉、情；第四讲漫议英国作家列顿·斯特雷奇对中国诗的评论。正像叶先生在书的扉页中介绍的那样："一般学术著作大多是知识性的、理论性的、纯客观的记叙，而先生的作品则大多是源于知识却超越于知识以上的一种心灵与智慧和修养的升华。……我之所以在半生流离辗转的生活中，一直把我当年听先生讲课时的笔记始终随身携带，唯恐或失的缘故，就因为我深知先生所传述的精华妙义，是我在其他书本中所绝对无法获得的一种无价之宝。古人有言'经师易得，人师难求'，先生所予人的乃是心灵的启迪与人格的提升。"她还说："先生曾经把自己之讲诗比作谈禅，还写过两句诗说：'禅机说到无言处，空里游丝百尺长。'这种讲授方法，如果就一般浅识者而言，也许会以为没有世俗常法可以依循,未免难以把握,然而却正是这种深造自得、左右逢源之富于启发性的讲诗的方法,才使得跟随先生学诗的人学到了最可珍贵的评赏诗词的妙理。"

仔细阅读了这本书觉得胜义纷披妙语连珠,有山阴道上应不暇接的感觉。但真要让你给别人讲讲老先生讲古诗词的好处在哪里,又讲不出。如果硬要讲的话恐怕会佛头着粪。想来想去可以用一个时髦的词概括——"穿越"。但这种"穿越"不是胡编乱造的戏说可以比的,而是客观严谨的比较、恰如其分的类比、丰富生动的引喻、出人意表的联想。古今中外的人物、妙语信手拈来,毫不费力,却又不会让你有獭祭的感觉。琴棋书画小说戏曲电影古董文物无一样不可拿来说诗。叶嘉莹用元好问的诗句形容老师的讲课是:"奇外无奇更出奇,一波才动万波随",真是恰当不过了。不妨学知堂老人做一回文抄公,拈出几点说说:

善比较。讲解诗词是免不了要上下左右进行比较的,顾随的讲解当然也不例外。但是他的比较面广量大,有宏观有微观。大的如唐宋诗风格的比较,他说:"有人以为宋诗说理,唐诗不说理,故宋不及唐。此语不然。"(325页)宋诗不如唐诗这个意思,我们在八十年代读大学时专门有老师讲过,当时有报上发表了毛泽东给陈毅的一封信,说"唐人重形象思维"云云,所以注家蜂起,使我们一代大学生受了很大影响。后来读钱锺书先生《谈艺录》第一节《诗分唐宋》,才有一种恍然大悟的感觉。现在看顾随的书感到很亲切。钱锺书说:"唐诗多以丰神情韵擅长,宋诗多以筋骨思理见胜。……曰唐曰宋特举大概而言,为称谓之便。非曰唐诗必出唐人,宋诗必出宋人也。"这里说的"多",不少人往往以为是"都"。可见有学问且通达之人的见解往往是相通的。顾随说:"作诗就怕没有诗情、诗思,故主张唐情宋思,有宋人炼字句功夫,写唐人优美情思。"（144页）小的如某些字和典故的运用，在评论李贺《李凭箜篌引》一诗时说："白乐天写诗不甚费心力，必先写弹，如其《琵琶行》，先写'犹抱琵琶半遮面'，后写'大珠小珠落玉盘'。李贺用力。"然后，他对李贺的选字提出批评，褒贬皆有，可谓"读长吉诗，一字一句不可空过"。当然更多的是一个诗人和另一个诗人风格的比较，例如李、杜之间的比较，李、杜和王维的比较，王维和陆游，杜甫和黄山谷，林逋和辛弃疾、周邦彦等的比较。有些是比较传统的，例如谈到李杜诗时说："纯抒情的诗初读时也许喜欢。如李、杜二人，差不多初读时喜李，待经历渐多则不喜李而喜杜。盖李浮浅，杜纵不伟大也还深厚。……中西两大诗人比较，老杜虽不如莎士比亚伟大，而其深厚不下于莎氏之伟大。"（90页），尽管说"谈到趣味无争辩"，扬李抑杜的人也许不一定认可，但是至少"于我心有戚戚焉"。精彩的是他的比较经常是一些出人意料、想起来又十分有道理的话。例如比较王维和陆游时他以王的《山中送别》和陆的《书愤》为例，说："王诗味长如饮中国茶，清淡而优美，唯不解气；放翁诗带刺激性，如咖啡。王维写的无人我是非，喜怒哀乐。……右丞高处到佛，而坏在无黑白、无痛痒。送别是悲哀的，而右丞'送别'仍不失其度。放翁诗虽偏见，究是识黑白、识痛痒，一鞭一条痕。"（31–32页）有趣的是有时他忍不住还会拿自己的诗来比，例如他在解读杜甫句"元日到人日，未有不阴时。"引辛弃疾《鹧鸪天》中："莫避春阴上马迟，春来未有不阴时。"再引自己《踏莎行》中的句子："耐他风雪耐他寒，纵寒也是春寒了。"他说："稼轩二句是表现，老杜二句是论述，余之二句是说明。"（116页）并且说明自己的词句本雪莱的诗。

善比喻。俗话说比喻总是蹩脚的，例如一位大学名教授写文章说：唐诗像一个意气风发少年，宋词像一个善于打扮的精致的少妇，元曲像一个败落的富家子弟云云，我就觉得这种笼统的比喻可以用在散文里，随便写写无伤大雅，用来论诗就很别扭。但是好的比喻让人印象深刻，古人孟子、庄子、荀子是典范，现代人鲁迅、钱锺书也是。顾随讲诗比喻贴切常常使你会忍俊不禁，例如评王维的《桃源行》，他说："中国诗人唯陶渊明既高且好，即其散文《桃花源记》一篇，亦真高、真好。右丞写之于诗，为冷饭化粥，不易见好。如右丞之结句——'春来遍是桃花水，不辨仙源何处寻'，搔首弄姿，常人以此为有诗味，非也。此无黑白，无痛痒。"（33页）虽然这个批评不一定每个人都同意，至少我觉得很精彩，这使我想起郭沫若历史剧《棠棣之花》里的一句诗："春桃一片花如海，千树万树迎风开"，年轻时觉得很好，如今读了也像吃冷饭团。再如，作诗历来有强调性灵和功力两种不同见解，聚讼千年各有理由。顾随用"夷犹"、"锤炼"两词，他说："锤炼之结果是坚实。若夷犹是云，则锤炼是山；云变化无常，山则不可动摇，安如泰山，稳如磐石。"（130页）他认为老杜在这两方面都擅长。并在评江西诗派时说："'江西派'诗自山谷起即过锤炼，失去弹性，死于句下；若后山诗则全无弹性矣，如豆饼然……"（131页）现在的年轻人大多不知道什么叫"豆饼"，它是豆子里最末端的东西——渣滓，一般用来喂牛，我当年在农村，大饥荒年代吃过，很实，可以充饥，但没什么营养，而且味同嚼蜡。读到这个比喻令我实在佩服，多少年来，据说中国古典诗歌在复兴，专业的杂志也办起来了，各类报刊也常常刊登一些"格律诗"，"老干部体"更是多见。但是说句不厚道的话，当行本色寥若晨星，就是合辙的也少见，大多数是一些"豆饼"。民国时期肯定好一点，但一定也有滥竽充数的。严沧浪说："诗有别材，非关书也；诗有别趣，非关理也。然非多读书，多穷理，则不能极其至。"（《沧浪诗话·诗辨》）但是世人往往只强调前句，忽略后句，就像说陶渊明谓"好读书不求甚解"而忽略"每有会意便欣然忘食"一样。所以，顾先生说："初学可读'江西派'诗，训练脑筋"，"吾人所重，当在锤炼。锤炼出坚实的境界"。由诗想到书法、想到语文教育，现在人往往喜欢谈创新，不愿意"锤炼"，以为可以凭空发明一种"板桥体"，不愿老老实实规规矩矩花功夫。以至欺世盗名、牛鬼蛇神毕现。听听顾随先生怎么说的："凡浊人都有一股牛劲——我吊死这棵树上，我非吊死这棵树上不可。聪明人不成功，便吃亏没有牛劲。"（194页）

热心肠。读《感发》一书，可以发现顾随对陶渊明、杜甫、陆游、辛弃疾四人的诗词特别喜欢，对他们的爱国爱民之作十分推崇。另外一方面他推崇这些诗词人的"诚"，"有力量"。其实这也可以理解，中国历代正直的文人大都有一种关怀世事的"大心肠"（林语堂评鲁迅语），所谓："穷年忧黎元，叹息肠内热。"生在那样年代，眼见社会腐败官吏贪污人民受苦，一个读书人只能一味"静穆"？他在分析杜甫五言诗中"蕴藉"时说："中国人凡事谦逊，坏了就是安分守己、不求进取、苟安、腐败、灭亡……中国是一盘散沙，若谁也不肯为国家、民族负责任，只几个人干，也不成。中国人原是谦逊，再一退安分守己，再一退自私自利，再一退腐败灭亡了。我们能否在进取中不轻薄，在厚重中还要进取？"（112页）所以他对杜牧的"热衷"评价不低："一个人对什么都没有兴趣，便是表示对什么都感到失去意义，便没有力量；真的淡泊，像无血的幽灵。我们要热衷地做一个人，要抓住些东西才能活下去。"（171页）他说，孟浩然"微云淡河汉，疏雨滴梧桐"虽然好，但是不要学，"我们是有血有肉的人，所以要热衷"。他对辛弃疾的词评价很高简直有点偏爱了。他以"英雄的手段和诗人的感觉"来形容辛弃疾的词："前人将词分为婉约、豪放二派，吾人不可如此。如辛稼轩，人多将其列为豪放一派。而我们读其词不可只看为一味豪放。"他以辛词《鹧鸪天·送欧阳国瑞入吴中》为例称赞"又当行又自在，又自在又当行，很难得"。其中"莫避春阴上马迟，春来未有不阴时"就是"老杜也写不出来"。当然，他也承认辛词有短处，"有时用力太过"，如《最高楼》里的"换头"两句：甚唤得雪来白倒雪，便唤得月来香煞月。这是咏梅句。即便如此，他还把林逋名句"疏影横斜水清浅，暗香浮动月黄昏"拿出来作比较，说："林氏此二句实不甚高而甚有名。……此两句似鬼非人，太清太高了，便不是人，不是仙便是鬼，人是有血有肉、有力有气的。"为什么他对辛弃疾特别欣赏，主要因为："稼轩心肠热，富于责任心，他有力、有诚，绝不致被人看不起，而且教人佩服，五体投地，这便由于他里面有一种力量，为别人所无。"（280页）

可以说的绝不止以上三点，读此书令我想到两点：一是孟子的话：资之深则取之左右逢其源。无论古今中外的材料，在老先生那里是何等的自然，他说外国的或古代的，绝不是为了撑门面，拿一些别人不懂的新名词吓唬人，而是信手拈来涉笔成趣。二是有副对联："非名山不留仙住，是真佛只说家常。"（梁章钜《楹联丛话》卷八）他的讲课好像在和你聊天，不像如今有些专家居高临下，经常说一些连自己也不明白的话来糊弄人；或者有些古诗词公开课上，老师像个诱骗者，把学生问得云里雾里，然后"请君入瓮"，以显示教师解读的高明。想想也是，顾随这辈学者，成年累月或在书斋读书或在课堂讲课，虽然也有社交活动，但哪里像我们现在一批名人犹如"翩翩云中一只鹤，飞去飞来宰相衙"那么忙忙碌碌出入于各种场合。至于一线的老师，实在太忙了。所以要求现代人像那一代人那样讲学是不现实的，但是"虽不能至，心向往之"还是应该的吧。

2015 年 5 月

一个外国人的"中国梦"

——读《在华五十年：从传教士到大使——司徒雷登回忆录》

我实在不想用"梦想"这个时下被用滥的词，但是确实也找不到一个更恰当的词来形容司徒雷登热心创办燕京大学这件事，只好用他的原话中的意思写下这个题目。

对于我们这些经历过"文革"的一代人来说，司徒雷登是一个不陌生的名字，毛泽东那篇雄文《别了，司徒雷登》早在1966年我还是一个小学生时已经读过了，老师也告诉我们："这个人是美帝国主义在中国的代言人"，这个名字就和约翰森、肯尼迪一样在少年的我的脑海里形成一个狰狞的形象。而"传教士是帝国主义文化侵略的工具"也是我们从小就被告知的。几十年以后，当我从恶梦中醒来时，稍稍多读了一些书以后，才知道世界上的许多事其实不是那么一回事，就好像当年我们自己在挨饿却以为"世界上有三分之二的人民在水深火热之中需要我们去解放"一样，现在想想未免好笑，当时却是百分之百的相信的。去年我读了《资中筠集》（中国社会科学出版社，2002年版）中一篇《洛克菲勒基金会与中国》感慨很多。我想，近一百年来，美国和俄罗斯究竟对我们中国做了一些什么，只要读一读近现代史是不难作出判断的，而如果有兴趣读一读资先生的一些文章一定会弄清更多的事实，而不会上当受骗了。语文老师如果把一些问题弄清楚了，在讲解课文时就不至于人云亦云地做别人的留声机，或者如鲁迅所言：不要让自己的头脑让别人跑马。今年我读了东方出版中心出版的《在华五十年：从传教士到大使——司徒雷登回忆录》，又一次开了眼界，里面好多东西可以印证资先生的文章。本书于1954年由美国蓝登书屋出版，全书共十五章。前十二章司徒雷登回忆了他在中国的经历，后三章是他的反思和总结。

司徒雷登的父母都是传教士，1874年定居在杭州，他也于1876年出生在此，是长子。1887年他的父母带四个儿子回美国度假，一年后回中国，而司徒雷登则留在美国受教育。1904年他在神学院毕业以后回到中国，开始在南京金陵神学院任教。1918年下半年他受到邀请，"接手一个在北平的新的联合大学的筹建工作"。这个大学就是未来的燕京大学。后来他成为燕京大学的校长，直到1946年7月出任美国驻华大使。老实说，对于他的传教士的使命我不太感兴趣；对于他成为大使以后的种种工作我也不太关注，虽然这里也可以澄清许多事实。但是我总以为：在一个动乱的世界，需要在大国之间周旋，能够在各种外交场合纵横捭阖、折冲樽俎、翻云覆雨的人应该是像古代的张仪、苏秦，现代的莫洛托夫、周恩来、基辛格那样的人物。像司徒雷登这样的读书人成为一个涉及国家政治的大使实在是一个历史误会，正像胡适1937年成为驻美大使一样，是一个国家不得已的选择，尽管他们都干得不错。然而，套用周一良先生的话说：毕竟是书生。另外，对20世纪40年代中后期那一段历史我已经知道得很清楚，而且有自己的判断，不用别人给我上课，哪怕是司徒雷登。

我所感兴趣的是本书的第四章《梦圆燕园》、第五章《燕京岁月》、第六章《中国显达》、第七章《孤岛抗日》和第八章《囹圄重生》。这里有两件事值得说说：一是创办燕京大学，司徒雷登是如何和他的朋友鲁斯博士及其他同事一起白手起家策划并建立了一所规模完整的大学的；二是1941年太平洋战争爆发后，司徒雷登被日本人关进监狱。在这前前后后一段时间里，他是怎样和日本人周旋的。

先说第一件事。1900年以后，北京有两所教会大学：汇文书院和华北协和大学一直想合并成一所大学，约在1918年间达成协议，司徒雷登就是他们想邀请的校长人选，他不是本地人，可以超脱办事。当时他在金陵神学院工作很顺利，他的所有朋友都建议他不要去，因为"他们觉得那是一个没希望解决的混乱局面"，只有一个人是例外，那就是后来成为他事业的共同开创者的鲁斯，鲁斯建议他先了解财政状况后再做决定。次年1月31日他由南京来到北京。遇到的第一件棘手的事是校名叫什么？汇文书院的毕业生代表告诉司徒雷登：不管合并以后新学校叫什么名字，除非中文名字还叫"汇文"，否则他们拒绝把它看成母校。而另一方代表却说，除了"汇文"，同意叫任何名字。但是如果叫"汇文"的话，他们会在通州的校园里把文凭堆成山，让熊熊火焰见证他们母校的毁灭。司徒雷登知道这些人除了反对合并以外，还有中国人的传统——要面子。在他看来本来不成问题的校名却成了一件僵持不下的大事。司徒雷登运用他的特殊身份说服双方妥协。大家提出最后的新校名由校长定夺。后来他接受了一位中国基督教领袖成静怡的建议，叫"燕京"。"这个美好的词汇的意思是古代燕国的首都，也被中国人看成是对北京的一个诗意的称呼。"燕京大学这个名字让所有的人满意，很快成为学校中英文的校名。接下来是选校址造教学楼。最困难的是筹措经费。建立一所大学是司徒雷登的梦想，"但我也知道梦想是要花钱的"。在《梦圆燕园》一章里，他写下了他和他的朋友鲁斯通过各种途径去募集资金的事实。期间遇到了种种艰难曲折，但是他始终坚持两条原则：第一，不管能否筹到钱，都要让对方成为燕京大学和中国的朋友；第二，从不过问资助者的财富是从何而来，但必须说好，资助者不能在资金的使用上对校方加以限制。他们到美国、欧洲、亚洲等地，接触各种公司、大学、基金会的人员以及各种大学研究机构和潜在的未来赞助人。其中包括洛克菲勒基金会、新加坡的商人、普林斯顿大学基金会。在美国筹措了大量资金以后，司徒雷登还在傅泾波的陪同下访问了中国的很多地方，会见各界人士争取他们对燕大的支持。作为一个大学校长，钱当然很重要，没有钱一切无从谈起，但是办学理念有时更重要。这一点司徒雷登很清楚，他说："我带到北京的所有理念中，最清楚明白的一条就是，新的大学应该立身于中国社会中，独立于与西方列强签订的条约之外，不受外来因素影响。我们不应该享受特殊保护，要和中国人民分享交流。"所以他充分相信依靠一些中国人，努力让它逐渐本土化。例如他在英文里头衔是校长，而在中文里是校务长，第一任校长是中国人吴雷川，他对吴十分器重，他还请来早年好友刘廷芳担任燕大宗教学院院长。当然，他和一些美国英国的朋友同样相处十分融洽。在那个动不动就要发生学潮的时代，由于众所周知的原因，当时大学常常是暗流涌动，正常的教育秩序很难保证，尤其是三十年代以后。他和学生的交流、他的人格、他的诚信保证了学校的教育秩序与当时一些大学迥然相异。在他和他的团队的努力下，他们获得了很大成功，建立起很多专业。书中司徒雷登收录了他六十岁生日时同事博晨光的一篇文章，描述了当时庆祝的过程，同时也表示他对自己这一段岁月的怀念。胡适在本书的"引论"（序言）里这样评价："他和他的同事，白手起家地策划并建立了一所规模完整的大学。它是13所基督教大学中最好的一所，也是校园最美丽的学校之一。其次，在致力于中国研究的哈佛大学燕京学社的帮助下，他逐渐建立的这所梦想中的大学成为中国所有基督教大学中中国研究方面最杰出的学校。"胡适提到了洪业（煨莲）这位当年和顾颉刚齐名的历史学家所作的贡献。洪业在燕大建立了很好的中文图书馆并且编辑出版了《燕京哈佛中国学研究》期刊和《哈佛燕京社会科学索引》丛书。我想到当年读大学时用过的《杜诗引得》，也第一次懂得了"引得"这一种做学问必须懂得的东西。也想到余英时先生对顾颉刚和洪业两位前辈的评价，对他们两位在1949年以后的不同遭际发出的感慨。我还想到了我们语文教育的宗师郭绍虞先生，当年他就是在燕京大学时编写了《语文通论》《学文示例》《近代文编》；我还想到陆志韦、翁独健、顾廷龙、王钟翰等中国一流的学人，他们都和燕京大学有关系。可惜，1952年全面学苏联搞院系调整以后，这一切都不复存在了。

再说第二件事：1937年"七七事变"以后不久，日本人侵入北京。中国抗日战争爆发，美国却还没有和日本开战，燕京大学只好升起美国国旗。在该书的第七章《孤岛抗日》里，作者回忆了当时的情景：日本人虽没有占领燕京，但是他们却密切监视校园里发生的一切，他们不断地监视校园里的地下反日活动，也常常派特务和间谍抓我们的学生。司徒雷登和他的助手一方面和日本人周旋帮助营救学生，一方面提醒一些爱国学生为了避免威胁到其他学生的安全，要么放弃反日活动，要么离开学校。于是，"出于爱国或是其他原因，学生们不断逃亡，奔向未被日本占领的自由地带"。司徒雷登安排几个燕京出身的教职工，协助学生制定逃亡路线。当时有三条路线，一条是沿京汉铁路南下走陆路；另一条是经过上海；还有一条更加安全的线路是从香港、仰光走滇缅公路到内地，这一条路适合女生。司徒雷登还一路安排了朋友，允许他们预付资金帮助逃难的学生。我记得好像老一代电影明星黄宗英的哥哥黄宗江也是从燕京逃出去的。珍珠港事件爆发后，美国正式对日宣战。美日成为敌国，对中国人来说，这是一件好事，我读胡适日记知道，那一天他兴奋的心情不可言表。司徒雷登被押往宪兵司令部，受到了四次长时间的审讯。其中日本人最为关注的是那一条秘密逃亡的路线，但是凭借他的智慧，日本人始终无法获得真实的讯息。作者极为讽刺地写道："他们根本无法理解一个纯粹的私人机构怎么可能出于宗教和慈善的动机来做事。"我想到了前几年那一部家喻户晓的好莱坞大片《辛德勒的名单》，很感慨，为什么我们没有这样的作品？这大概不仅仅是因为中国人容易忘记历史那么简单吧。大饥荒、"文革"刚刚过去几十年，经历过那个时代的人大多还在，但是有人已经把那段时期有意无意忘记了，而年轻一代更是不甚了了。用几十年前我们常常背诵的列宁的话说："忘记过去就意味着背叛"，想想很有意思。

　　司徒雷登被日本人囚禁了三年八个月零十天。期间这位六十多岁的老人和他的同事受到几次"严刑拷打"，但是他们始终没有屈节。他说："四年多来，我们抵抗着日本的侵略，维持这片小小的自由绿洲，也巩固了学校的办学宗旨，我们一直努力展现出我们对这种控制人类精神行为的反对。"正是有了这种信念，他拿定主意：就是学校关门也不能牺牲燕京的独立性。有一件事可以说明这一点：日军占领北京不久，一些日本人提出应该聘请一个日本人到燕京大学任教，所有费用由日本政府承担。这个建议有时是打着促进文化交流的旗号，有时则有威胁的味道，面对这种软硬兼施的做法他还是拒绝了。但是,他并不是一味和日本人硬抗。当知道日本人死心以后,司徒雷登咨询了各位同事能否以燕京大学的名义聘请一位德高望重的日本学者来讲学,同事们表示赞同。于是他们请来了鸟居龙藏博士,这位先生在社会学和考古学方面享有世界声誉,更重要的是他对日本政府的军事行动十分反感。他只对燕京大学提一个条件:要保护他免受日本军方的压力。后来这位老人因为他的学识和人品,成为他们文化圈子里受人尊敬的学者,许多学生去老人家里参观他的藏品,一位学生还成为老人的东床客。正像作者所说的:"他们本身是日本文化中的优秀代表,具有真正国际化的世界观。"珍珠港事件以后,老人唯一的儿子应征入伍,一家人住在北京城里,贫困潦倒,靠女儿养家糊口,却拒绝日本方面的援助。他讲了一句令我震撼的话:"一日燕京人,一世燕京人。"战争结束以后,司徒雷登把鸟居龙藏老人接到学校,为他养老送终。一个学者能如此忠于一个学校,在奉行实用主义的今天的一些聪明人看来是十分可笑的。我却从中看到了中国古代士的道统,也看到了作为校长的魅力。可惜今天我们的学校两者皆无,"有奶便是娘"是一些人的信条,"你是我的员工"则是一些校长的信条。跳槽成为时风,哪里还有教育家呢?剑桥大学一位前副校长阿比什说:"校长的本领就在于维系学校中离心力和向心力之间的平衡。向心力主要是在校长自己的作用中产生。"(杜作润《世界著名大学概览》,四川人民出版社1994年,15页)但是那样的校长必须是教育家,而我们只有行政官员。

在第六章里作者还讲述了他和当时一些中国"显达"的交往,也很有意思。徐世昌、阎锡山、冯玉祥、孙传芳、李宗仁、白崇禧、张作霖父子、蒋介石夫妇等人都一一亮相。限于篇幅我不详述了,至于后来他成为美国驻华大使以后的一些活动以及他的一些观点、评论，如我开头所说的我兴趣不大，虽然也匆匆一阅。总之，这本书为我们打开了那尘封多年的一段历史，作为语文老师尽管不一定同意司徒雷登的观点，但有些事却不能不知。例如我们以前只知道有个蔡元培先生是大学校长的典范，后来又知道还有张伯苓、蒋梦麟、梅贻琦，其实我们还可以看看厦门大学的林文庆校长以及司徒雷登、陆志韦等等。托克维尔在《旧制度与大革命》一书中说过一句脍炙人口的话："我开始研究旧社会时，对教士充满偏见，我结束这一研究时对他们充满敬意。"（《旧制度与大革命》商务印书馆1992年，148页）我读民国时期一些教育家传记，常常有这种感觉。

2013年10月

它山之石可以攻错

——读《俄国社会史——个性、民主家庭、公民社会及法制国家的形成》

对俄罗斯我有一种复杂的情感，一方面我认为它是一个毫不利他专门利己的国家，它的扩张主义是臭名昭著的，它侵占我国的领土不知道有多少个钓鱼岛，对中国造成的危害不亚于日本；一方面我又非常佩服这个民族出了那么多的文学家、哲学家、艺术家、思想家。就说诺贝尔文学奖吧，中国好不容易才出了个莫言。但是，依我看，不必说托尔斯泰、陀思妥耶夫斯基、屠格涅夫，比起帕斯捷尔纳克、索尔仁尼琴来，我们的莫言先生还要差一些。至于所谓的"白银时代"的一些思想家、哲学家更是我们一些御用文人所望尘莫及的。苏联解体以前，我自以为已经很懂这个国家了。近年来读了不少蓝英年先生的书以及陆陆续续翻译进来的书，才明白自己其实对这个国家的了解是很肤浅的。近来我有机会读到一本书，使我对俄罗斯有了更进一步的了解。这本书是俄罗斯历史学家鲍里斯·尼古拉耶维奇·米罗诺夫著的《俄国社会史——个性、民主家庭、公民社会及法制国家的形成》，由山东大学出版社2006年出版。这是一部介绍俄罗斯十八世纪到二十世纪社会发展历史的书籍。洋洋洒洒有一百多万字，花了我整整一个月时间。有些东西还是一知半解。一些关于人口、经济等的统计表我一概跳过去。只看感兴趣的内容。

这位历史学家的基本立场是自由主义的，因此不同于过去苏联的御用文人。本书讲述了俄罗斯领土扩张的历史，十八世纪以来的社会结构和社会流动的情况，人口发展的特点，家庭及其内部关系，现代化进程中的城市和农村，农奴制的兴衰，农民市民及贵族的主要社会组织，个人主义的生成，公民社会的形成。讨论了法制国家的形成和发展，城乡关系，阶级、阶层，妇女生育，专制主义与现代化，帝俄时期的历史分期等等。要弄清楚这些内容显然超出我的知识结构，但是我还是勉力读下去，收获还是有一点。印象深刻或者说对我们有启迪作用的有三点：

首先，尊重自己国家的历史文化传统，坚决反对民族虚无主义。对帝俄时期的历史不是"一笔勾销"，而是用数据分析说话。例如对帝俄时期的一些改革、资本主义的发展、民族关系等等都有具体的分析。而这些东西在苏联时期都是被否定的，苏联"正统"的御用历史学家谈到以前的历史时，"总是用一种悲观的调子来看待过去：民不聊生；上流社会狂热地追求一己私利……贵族剥削农民，城市剥削农村，商人和资产阶级剥削小市民和工人……或许世界上任何一个历史学家都不会如此否定自己国家的历史"。作者认为这些否定历史的做法是斯大林时期制造的"反面神话"，"后来，这些神话走进了教科书和民众的头脑。在俄国的知识分子中间建构虚无主义已经成了一种风气，因此无论是与谁为敌，指责我国历史、传统和秩序一直都被认为是好的声音，甚至是在没有任何根据的时候"。这样做的目的，是为了突出斯大林的伟大，他是俄罗斯的大救星。还是米罗诺夫说得好："我们俄罗斯人需要的是历史疗法——清醒地认识自己的优点和缺点。"我想，我们也是。

其次，任何改革都需要一个长期的过程，社会的每一个变革都需要经过艰苦的努力，社会进步不要希望通过激烈的革命来完成。米氏在论述俄罗斯公民社会的形成和发展时说：法制的形成和发展对一个国家顺利由专制走向民主是十分重要的，因此不要小看社会发展过程中的每一小步进步。每一种符合民意的立法都是一种进步，不管是帝俄时期还是苏联期间。不要认为那些改革是虚伪的，只有通过革命才能获得进步。作者说，1917年革命前，俄国社会发展已经在进行一种"现代化进程"，虽然这些进程是不充分的，还没有完成，传统仍然占优势，但是如果不是革命，这个过程可能会持续下去。在谈到苏联知识分子和人民对当权者进行的各种争取权利的抗争时，作者认为社会的每一种进步都为后来的顺利转轨打下了基础。这种说法，对于习惯于革命是推动历史发展的我们来说是十分新鲜的。我从年轻时就崇拜法国大革命，直到读了一些相关的历史著作后才稍稍改变了看法。后来读了波普尔《二十世纪的教训》中的一段话后才明白："那些想把世界变成天堂的人，常常把地球搞成地狱。"革命啊革命，多少坏事假汝以行。我们见得还少吗？但是，社会的进步不可能寄希望于既得利益者主动让步，抗争是必须的。乌托邦是虚幻的，任何进步必须做实实在在的努力。多研究些问题，少谈些主义，胡适之的话，过去我觉得是可笑的，如今才懂得是多么的正确。

再次，一个国家的母语是维持民族团结国家统一的重要因素。米氏著作里谈到的一个重要方面是俄罗斯对待自己的语言。我们知道，从1646年到1914年，俄罗斯通过武力和其他手段扩张领土，俄国领土面积从1410万平方公里增加到2180平方公里，人口从700万增加到17800万，扩张的结果是占领其他民族的土地。他们每征服一个民族，便强迫他们学俄语，并企图消灭被征服者的母语。这个描述让我忽然明白了一件事，为什么上世纪二三十年代，一批苏联人在斯大林的授意下，那么热衷替中国人设计文字改革，企图用拉丁文字代替汉字。这种越俎代庖的做法从来没有得到过清算。我们知道日本强迫台湾同胞学日语，在占领东北时期也是这样干的，我们当然也读过《最后一课》，对这种道理其实我们是应该明白的。作为俄罗斯人，他们这样干是"正常的"，问题是我们这样对待本民族的语言却是万万不能的，我们其实成了不肖子孙。从1929年到1934年，瞿秋白、鲁迅、胡愈之、吴玉章等人写了许多批判汉字的文章，鲁迅甚至诅咒汉字为"危害青年智力的结核菌"，好像中国人愚昧落后是由汉字汉语造成的。1949年以后，"汉语要走汉语拼音化道路"成了奋斗的方向。吕思勉先生说：简化字的结果是给将来的青年找麻烦，他们如要读古书需要学习两套文字。他还说：花三四年时间识三四千汉字，上下几千年的书都能读，世界上没有如此便宜的文字。(《论文字之改革》)语言文字上的乌托邦比政治经济上的乌托邦危害更深远。对这个问题，王力、郭绍虞、唐兰诸先生有很好的论述，甚至胡乔木都有反思。可惜我没有见到参与此事的周有光先生对这个问题的看法，尽管老先生对一些重大问题的看法头脑清醒，观点正确。读了米氏的书，想到彼邦人士对待母语的态度，很有感慨，再联想到当年对汉字的讨伐甚嚣尘上……历史应该到了澄清的时候了。

2016年9月

科学精神　淑世事业
——艾伟和他的"国文学科科学研究"

赵志伟（文中简称"赵"）
吴炜旻（文中简称"吴"）

吴：赵老师，上次我们谈了艾伟的一些经历以及他搞科研的事，今天我们再来具体谈谈他国文学科上的一些研究，好吗？

赵：好的。艾伟作为一个受过西方严格训练的教育心理学家、教育统计学家，在国文研究上取得的成就是巨大的。当时还有另外一些心理学家也取得了很大成绩，但与他相比，要稍逊色一点。可以这样说，在汉字研究、在文言白话学习心理研究方面至今无人出其右，可能是我孤陋寡闻。他的研究可以从三个方面来看：一是关于测验白话和文言文学习问题；二是关于汉字问题的研究和汉字的学习问题；三是关于阅读写作的心理研究。这三个问题是相互关联、相互渗透的，有些客观研究有助于我们对某些问题的讨论，例如，由阅读心理研究和国文测验研究得出的关于学习文言和白话（语体文）效率问题的结论，有助于我们客观公正地对待文言文，因为"文白之争"从三十年代到今天仍然是一笔糊涂账,大家公说公有理,婆说婆有理,为什么不听听艾伟这些教育心理学家客观公正的话呢?

吴：这倒真是很有意思,我直到今天还听到某个搞计算机的工程院院士说,"让孩子背一首唐诗不如让他们去打一场篮球"。讲话轻率影响却很大,至今仍有不少有文化的人认为学文言文浪费时间。

赵：这样的人有一大批,甚至搞文科的人也有要求废除文言文的,例如我的一个朋友,搞现代文学出身,大家一起编过《新语文读本》,居然也提出要废除文言文。还是让我们具体地谈谈艾伟的研究吧。

先谈谈关于测验的问题和文言白话文学习的问题。如同我不止一次说,艾伟这一批海归教育心理学家都带有一种"教育救国"、为国效劳的雄心,因为教育是改造国民素质的最重要手段。而语言文字是一种最重要工具,作为母语究竟应该怎样学习。青少年学习汉字汉语过程中究竟有些什么困难,历来争论不休。所以二十年代争论最厉害的莫过于"文言和白话之争"。艾伟从1926年开始了国文教学心理研究,在缜密分析中学生阅读能力、理解速度和深度,对国文的需要和兴趣的基础上写成了《国文教学心理学》一书,提出了初中文言和白话教学各占一定比例的建议,该建议在1929年、1931年被教育部采纳写进了当时的课程标准。可以说当时的课程标准的制订是听取了教育心理学家的建议,是有科学依据的。

吴：那么你说的"缜密分析"、"科学依据"的结论是怎么得出来的呢?

赵：你问得好,这正是我要讲的第一个问题。在1933年,《测验》杂志第三期发表了一篇艾伟的实验报告——《五年来中学国文测验之经过》，实际上这是艾伟在中央大学所作的报告，由曹刍千做的笔记。犹如梁启超作报告由他学生做笔记一样。报告中谈到"六年前讲者（指自己）曾有过关于中学国文理解程度之研究，被测人数得在千人左右，被测学校都在京沪杭一带，学校则有国立、省市、县立、私立、教会立等五种"。

吴：六年前，也就是1927年，你能谈谈当时艾伟做了什么事？

赵：好的，这是指1927年艾伟在《教育杂志》上发表的《初中国文成绩之实验研究》报告，报告共有十余万字，分两期刊出，刊于《教育杂志》1927年第19卷的7—8期。

吴：《教育杂志》在二十年代积极参与国文教育的讨论，经常会组织一批专家讨论国文教育的各方面问题。

赵：是的，艾伟在1927年的实验报告的"绪言"里谈到自己为什么要搞初中国文的研究："中学国文教学之改造问题亦大矣；鸿篇巨制载诸杂志专刊以相讨论者多矣；以重要之问题经多数之讨论似可解决一部分，然而不然。试批阅此种专号，研求者虽连篇累牍，汗牛充栋，然其议论纷纭，莫衷一是，揆厥原因，在作者大多本一己之经验作主观之判决，初未根据科学方法举行大规模之实验也。"

吴：这些话用来形容我们这几年关于语文教育的种种讨论也蛮像的，许多问题聚讼纷纷，莫衷一是。前几年讨论"人文性和工具性"，近年来讨论"国学"问题，"真语文"问题，等等。

赵：是的，1925年艾伟归国后，受当时中华教育文化基金董事会委托在东南大学任"科学讲席"，研究中学学科心理学。从任职开始，他就研究初中国文问题，因为"国文教学问题至重且大，不经实验终无由解决之也"。经过一年多的努力，一部分工作已告竣，所以他发表了当时的报告，供国内留心国文教学改造者参考。在报告的"绪言"里他也说："惟国文心理至为复杂，欲冀立国文教学于科学基础上，非十年二十年不为功，徵之美国往迹，益信其然，故此次实验报告，不过研究之发轫耳。"

吴：这是一种科学的态度。那么在1927年的报告中他提出并解决了一些什么问题？

赵：实验报告很长，不能赘述。报告中详述了研究的起源，问题的择定、研究的过程。

用测验的手段对各种不同学校初中年级学生的国文学习过程进行研究，其中包括文言白话的理解能力、作文能力、男女生成绩的比较、各年级学生白话文和文言文阅读的速率和成绩比较等等，有非常详尽的数据。这一份报告发表以后，1928年艾伟又在《教育杂志》上发表《汉字心理研究》，差不多有八万余字。

这两份报告有的内容就是前面我们谈到的："被教育部采纳，为当时国文课程标准的制订提供了理论依据。"

吴：主要涉及哪些问题？

赵：主要是测验中学生对文言文白话文的理解能力。例如，1927年那份报告里介绍：艾伟他们的测验主要是测初中生对课文的理解能力，而不是记忆力，所以当时选了一篇1700字左右关于学生德育的白话文章和三篇文言短文，字数在120～180之间，分别是归有光、顾炎武、左宗棠的各一篇文章。本来还准备测作文能力的，因回收材料太少不能作有效统计。试题是设计成标准化的选择题。当时涉及的学校，上面介绍过有五类学校，涉及地区有南京、镇江、扬州、南通、上海、松江、嘉兴、湖州、杭州、绍兴、宁波、苏州、无锡、常州一带。到了1930年测验加入了高中生，因觉得人数不够又到平津一带测验，又加入中央大学试验（考试）材料。然后根据所得成绩进行统计。1933年又有一次测验，试卷分为甲、乙两类：甲是初中，仍用上两次的白话文，另选文言文；乙是高中，则用上一次三篇文言文，另选三篇白话文。

吴：数据一定很繁复吧？

赵：是的。各种数据图表，以及信度、效度、相关度之统计，图表很复杂，不学教育统计的人是不会感兴趣的，也不一定能看懂，但是我坚信艾伟的学术良知。所以，这里谈谈他的结论吧。结论很有意思：从两类文体测验成绩看：男生优于女生；国立省市中学列第一第二，教会学校和私立成绩差不多，排第三，最后是县立。

吴：放在今天，恐怕要女生优于男生吧。

赵：是的。当时社会女生读书不如男孩多。长话短说吧，艾伟在《五年来中学国文测验之经过》一文里发表"各级成绩之总统计"的图标，实际上也就是研究结论，主要有两点：

一是在文言文方面，从初一到初三成绩上升"略成直线"，自初三到高二速度递减，高二到高三速度又增高。二是在白话文方面，初中成绩每级增加"速度尚高"，到了"高中则其速度特减"。他说："这一次所得结果与六年前微有不同，上一次所得白话文成绩初中各级互相叠越之处极多，而文言文则各级间成绩相差较大。故讲者曾以为新文学家主张取消文言文实属失常。至于这一次的结果，则各级互相叠越之处尚少，但各级进步，仍较文言文为低。可见上一次所得之理论，仍不能因此而被推翻。"

吴：什么叫"各级叠越之处"？1927年报告中的结论是什么？

赵：所谓"叠越"是指：初一白话成绩有可能比初二反而好，甚至初中生对白话文理解超过高中生。1927年的结论很有意思："文言文是否被打倒，白话文是否取而代之，在文学家方面，其争论已甚嚣尘上,不容科学家置喙其间,科学家亦岂敢妄参末议。惟本节第二条稍涉祖护文言文之嫌疑,将来难免主张白话文者之质问,然吾辈之客观研究事实俱在,固非信口雌黄可比也。夫阅书用白话文为一种工具,用文言文亦为一种工具。二年级(初中)之白话文程度既几相等于三年级且有超过者,而文言文程度则尚加高,是一种工具已渐完整,他种工具尚须磨治。假使文言文不能完全推翻,则小学期内为磨治第一种工具之时,而中学期内应为磨治第二种工具之时。中学毕业时两种工具俱备,可以运用无穷,较之只有一种工具者,其生活之丰满不可同日而语也。"也就是说,高中生应该更多腾出时间来学文言文。白话文已经学会了。

吴:唔,就是这个结论给1929年以后国文课程标准拟定的文白比例提供了理论依据,是吗?

赵:是的。其实这个情况现在也差不多,到了初中阶段,口语书面语一致的现代文,初中生谁读不懂啊?你还在那里反复"分析","深文周纳",层层挖掘其"核心价值"、"深刻含义",这种分析有无限种可能,谁能穷尽?

吴:无怪乎周国平、王蒙对自己被选中的文章做"阅读分析"也会犯错。永远无法与"标准答案"一致,结果是让学从小受挫折,而感受不到阅读的快乐。不如留一点时间去读书,甚至读文言文。

赵:正是。下面再谈谈艾伟第二个研究,关于汉字问题。这是艾伟影响更大的一件事,他用心理学统计学研究汉字问题,在国内不知道有没有第二家可以和他相比的。他的主要成果是《阅读心理·汉字问题》一书,1949年由中华书局出版。

吴:他是从国外回来的著名教育心理学家,他完全可以在中央大学讲授他的心理学教育学课程,他为什么对汉字问题和国文教学那么感兴趣？

赵：这是他们那一辈人的所谓"淑世"、"济世"精神，现在的知识分子中也有这样的人，但恐怕不会很多了。他在《汉字问题》自序里这样解释他的动机："汉字问题至为重大，盖基本教育之推进有待汉字问题之解决，使汉字问题能迅速获得满意之解决，则基本教育推进必事半而功倍，行见吾国文盲能加速扫除。由汉字之认识与了解，可进而求一般知识之增进，于是吾国各地文化水准逐渐提高，民主基础由是巩固。"也就是说，研究汉字最终为了普及教育，启发民智。

吴：实际上和那些主张简化字、汉语拼音代替汉字的人最终目的是一样的，只是方法手段不一样。一是激进的革命的手段，一是渐进的科学的手段。

赵：是的。他从1923年起开始研究汉字，在本书的"鸣谢"里作者谈到："关于书中以载各种实验之进行，昉于民纪十二年，距今已二十五年矣。"当时他还在美国读博士，所以他鸣谢的第一批人就是美国友人、同学和华盛顿佐治城大学的在校学生150人，没有他们，他的第一章"字形研究"将无法解决。

吴：这一点正和胡适、朱经农等人一样，人在国外学习，却关注国内的文化事业。

赵：所以感人啊。整整二十五年，期间有人已去世，学生已长成才，所以作者很感慨。我读此书也被感动得很，想想如今身边一些蝇营苟盗之事，前辈等人之风骨真是令人敬仰不已。

吴：《汉字问题》一书都研究了哪些问题？对今天的我们有什么启发？

赵：好的，我稍作一点介绍。总的目的是通过对汉字研究找出规律性的东西，根据心理学依据，从识字教学开始，编写科学的教材,更有效地组织教学,提高记忆效率。

这本书一共九章,七十五节:第一章是《字形研究》,主要包括汉字心理意义及研究的目的,汉字改革运动,汉字形、声、义相互之间关系等,并且有关于汉字识字心理实验三种以及刘廷芳等人关于汉字的研究。第二章是《字量问题》,内容包括汉字的历史,通用字典的字量,普通书报及文件的字量,常用字汇,语体文的应用字汇,大众、市民、农民、店员、教育部等各种阶层常用字汇研究,以及艾伟、周祖训、洪深、舒新城、吴廉铭等人对于基本字的研究。第三章是《识字测量》,收入了艾伟、张耀翔等对识字测量的实验及其数据分析。第四章是《词汇研究》,收入了王文新、王显恩、周其辰等对词汇所作研究以及艾伟团队对于词汇研究的原则、结果与分析等。第五章对汉字音义分析,包括学生识字测验结果的分析和识字反应的分析等。第六章《简化问题》,概述汉字简化的历史,对劳乃宣、黎锦熙、陈光垚、吴廉铭等人的研究加以概述总结,并评述心理学家对字形心理实验对于简化的贡献进行评述。第七章《排列问题》是关于汉字排版(横排还是竖排)的研究,收入各家研究的结果。第八章《书法研究》,有对历史的述略,也有当时实验研究的报告,对书法练习、字难易写法的分析,书法横写直写的比较等。第九章是《全书的总结》,对汉字研究中重要发现的述略,以及将继续工作的建议等等。

吴:内容几乎包括了汉字所有的重要问题。

赵:是的,作者所取科学态度严谨。每一章都有实验数据分析结论,决不作空泛的议论,让事实说话,而且对本研究中各家成果做详细介绍。对人们认识何种字易于记忆,何种字难于学习,都一一指出,并且对各种词汇的研究,对常用字量、词汇的研究,对编写教科书、工具书都有参考价值,甚至具体到各种不同阶层的词汇特点都加以研究分析。在当时"汉字太难"、"废除汉字"的宣传声强盛的年代,艾伟等教育心理学家默默地进行研究工作,真的十分可贵。艾伟的研究代表了民国时期汉字教学科研的最高水平,甚至今天仍没有人超过他。因为按照他的研究结果,可以找到比较有效高效的学习汉字的办法。

吴:可惜,艾伟这本书以及他的一些研究成果未能引起我们足够的重视。五十年代,"中国汉字要走汉语拼音化道路"一度成为主要的声音,加上艾伟本人去了台湾,他的书自然也就默默无闻了。以致人们总是认为语文研究中总是经验型的东西居多。例如叶圣陶、朱自清、夏丏尊的研究。

赵:是啊,打开这段尘封的历史,原来我们的前辈研究已经达到了一个很先进的程度了,当时研究的还不仅仅是艾伟一个人,还有许多教育心理学家关注国文教学。艾伟还有一个值得谈一谈的贡献是关于文言文诵读问题的研究,对今天我们编辑教科书,选择文言教材仍然有指导意义。

吴:是一个什么研究呢?

赵:1939年二月在抗战艰苦的年月里,艾伟在重庆沙坪坝创办了我国教育史上第一个学习心理实验班。艾伟在这个实验班上做了多项实验,实验的结果经整理后都记录在实验班的《教育报告》里。其中有一个关于初中文言文诵读问题。艾伟从几个不同的角度进行了实验。

吴:他从哪几个方面进行研究的?

赵:他从两个方面进行实验,一是实验"篇幅长短与诵读速率"的关系。他取一本文言文中长短不一的几篇文章,最短的64字,最长的302字,每天由被试学生诵读一篇,读之前由教师先将文意疏通。实验时,主试以秒表计算学生每诵读一遍所需时间,直到背诵为止。以181字短文为例,一个被试学生需要读34遍才能背熟,费时1881秒。诵读第一遍需要70秒,第二遍65秒以下,依次渐至背诵。二是研究文章内容对背诵和默写的影响,他以七篇文言文做实验,要求每一篇都背诵,过一学期再要求逐篇默写。这七篇文言文分别是:《陋室铭》《六月十四日曾氏家书》《不死之药》《孔子世家赞》《春夜宴桃李园序》《七月十七日曾氏家书》《马说》。实验的结果表明:每百字需要秒数最多的是《孔子世家赞》;其次是"曾氏家书"两封。实验结果证明,内容枯燥难解会影响学生的诵读速率和记忆,《陋室铭》《马说》背诵以后,一学期记住了大半,而两封曾国藩家信,学生虽然强记之背熟了,一学期以后就默不出了。

吴:这个实验确实很有意思。中国人过去强调多读多背,所谓"劳于读书,逸于作文",似乎这一切是不需要证明的,历史上也从来没有通过实验证明背诵好处的。我读过美国教育心理学家墨菲和柯瓦奇《近代心理学历史导引》(商务印书馆1980年版),里面介绍德国维茨堡学派的实验,"1907年,维塔泽克发现,仅仅被动的朗读再朗读,绝对不如读后跟着主动背诵更奏效,在主动背诵中,受试强制自己回想他读过的材料。这一论述由盖茨简化为清楚的数量形式,他不仅肯定了维塔泽克的结论,而且证明,不论学习效率的提高还是记忆总量的提高,两者都是由于把不断增加的学习时间百分比用于背诵促成的,甚至把百分之八十时间用来背诵也仍然比之较小的百分比更为有效。"这种科学数据证明语言学习,背诵量绝不可少的。

赵:是的,也从某个侧面证明了我们过去动辄不加分析批评"旧时代学习死记硬背"的说法是批评错了。其实,很简单,你想一想用手机打电话,因为号码是输入的,你每天打一个,号码也背不出来，有意记忆则不同了。艾伟的实验也证明了这个道理，这对我们选择什么样的文言文，具体怎样编选教材确实有重要的借鉴作用。

吴：我觉得你读的艾伟的研究确实很有意义，一个国家的语言文字是民族的象征，正像日本教学论专家佐藤正夫说的："母语教学具有民族性任务，这一学科旨在发扬民族精神、民族感情，作为教授民族语言和文学的学科。它不是单纯的工具学科，而是一门独立的学科。"

赵：历史上，许多问题现在已经可以看得很清楚了，但很显然，有些问题仍然没有很好地进行总结，这也是我们今天重读艾伟的意义。

2014 年 4 月

书　摘

　　文士名心，书生习气，缄石知谬，享帚自珍。

　　五十，命为大夫，五十而爵不至，有以知天命也。知天命我传先王之道于后也。

　　选摘自（清）俞樾著《春在堂随笔》（江苏古籍出版社）第9页、第5页

　　假如有人问我，你信仰的什么主义？我便答道："我信仰的是趣味主义。"有人问我，你的人生观拿什么做根柢？我便回答："拿趣味做根柢。我生平对于自己做的事，总是做得津津有味，而且兴会淋漓，什么悲观咧，厌世咧，这种字面，我所用的字典里头可以说完全没有。"

　　选摘自丁文江、赵丰田编《梁任公先生年谱长编》（中华书局）第502页

　　人生的意义全是各人自己寻出来、造出来的：高尚、卑劣、清贵、污浊、有用、无用……全靠自己作为。生命本身不过是一件生物学的事实，有什么意义可说？生一个人与生一只猫、一只狗，有什么分别？人生的意义不在于何以有生，而在于自己怎样生活。你若情愿把这六尺之躯葬送在白昼作梦之上，那就是你这一生的意义。你若发愤振作起来，决心去寻找生命的意义，去创造自己的生命的意义，那么，你活一日便有一日的意义，作一事便添一事的意义，生命无穷，生命的意义也无穷。

　　选摘自胡适著《胡适文存三集》（上海科学技术文献出版社）第621页

凡是艺术都要有几分近情理，却也要有几分不近情理。它要有几分近情理，"距离"才不至于过远，才能使人了解欣赏；要有几分不近情理，"距离"才不至于过近，才不至于使人由美感世界回到实用世界去。

选摘自朱光潜著《文艺心理学》（安徽教育出版社）第31页

我会激怒不少阐释中国的作家，特别是我的同胞们和伟大的爱国者们。这些伟大的爱国者与我毫无关系，他们的上帝不是我的上帝，他们的爱国主义也不是我的爱国主义。……我可以坦诚相见，因为我与这些爱国者不同，我并不为我的国家感到惭愧。我可以把她的麻烦都公之于世，因为我没有失去希望。中国比那些小小的爱国者要伟大得多，所以不需要他们涂脂抹粉。

选摘自林语堂著《中国人》（浙江人民出版社）第8页

科学主义者以独占"真理"自负而有"知性的傲慢"，道德主义者则以独得"道体"自负而有"良知的傲慢"。他们都置身于各自建造的世界的巅峰，颇有"会当凌绝顶，一览众山小"之慨。……"良知的傲慢"更远在"知性的傲慢"之上。

选摘自余英时著《现代学人与学术》（广西师范大学出版社）第39页

予生平不喜访知名之士，人有愿下交者，亦多谢绝之，以泛泛访问，无益于问学修为也。

选摘自文明国编《吕思勉自述》（安徽文艺出版社）第8页

作为战争结束后不久出生的人，我同本书描述的大多数事件处于同一时代，而且随着写作的进程，我能记起所见所闻——甚至亲身参与过——的这段历史中的许多事情。这究竟使我更容易理解、还是更难以理解欧洲的史实？我不知道。但是我知道，这些记忆有时可以导致客观冷静地解决历史难题。

　　选摘自［美］托尼·朱特著《战后欧洲史》（新星出版社）第1页

　　我们把一截原木放在了绞刑架上，但没下得了手用锯子将它拦腰锯开：怎么能锯呢？它还想活下去哩！它是多么渴望活下去——比我们人还强烈！

　　选摘自张建华选编《索尔仁尼琴读本》（人民文学出版社）第9页

　　艾略特说："我确实认为现代的传播媒介把少数人的用语强加在大众身上，这的确把问题弄得很复杂。"

　　选摘自裴善明编《诺贝尔文学奖获得者访谈录》（江苏文艺出版社）第17页

窦桂梅 辑

何以成为有效的教学管理者
谁能把亲人留住
也有那淡淡的哀愁
好得令人"心疼"
那儿有再次成为好人的路

窦桂梅

清华大学附属小学校长，特级教师，博士。教育部教材审定专家委员会委员；"国培计划"特聘专家；全国教师教育课程资源专家委员会委员。东北师大、首师大、北京教育学院硕士生导师、兼职教授；清华大学教育研究院基础教育研究所副所长。全国模范教师、全国师德先进个人、新中国成立六十年来从课堂里走出来的教育专家。获首届基础教育国家级教学成果一等奖。出版《小学语文主题教学研究》《窦桂梅与主题教学》等十余部专著。

何以成为有效的教学管理者

教育者本身就是管理者。如果身为教育者，同时又兼任学校教学管理者，管理的分量更显得重要——自身的专业引领本身就是管理，涉身之外的一切统筹与运作也是管理。没有一个有效管理者是天生的，他们之所以有效，只是由于在实践中学会了一些有效的管理习惯。当我读到《卓有成效的管理者》的作者德鲁克的分析论述的时候，为作者精辟的见解折服。

在管理中通常会遇到这四种情况，自己基本无法控制。然而每种情况都会将工作推向无效，使管理不灵：

（1）管理者的时间往往只属于别人，而不属于自己——每天深陷忙碌的事物中。开会，上课，听课，评课，布置上级通知、落实上级任务，解说、谈心，等等。

（2）管理者往往被迫按照老一套方法开展工作——学校的自身惯性以及历史的遗留，再加上上级的一些"规定性动作"，等等。

（3）只有当别人使用管理者的贡献时，管理者才具有有效性。这一点很有意思，只有被管理者尝到甜头后才对你有所肯定，然而过程中的复杂性与艰难性，被管理者是很难理解或认同的。

（4）管理者身处组织之内，但如果他要有效工作，还必须努力认识组织以外的情况。这就要求你必须协调内外关系，必须进行应有的全面沟通，不然自己内部管理与外部衔接就会进入死胡同，而没有出路和阳光。

知难行，还要行。要成为一个有效的管理者，必须在思想上、心智上养成如下的习惯。

知道如何利用自己的时间

有效的管理者知道他们的时间用在什么地方。他们所能控制的时间非常有限，他们会有系统地工作，善用有限的时间。

挤，占，抢。这三条可以说充分保证了我每天能花时间"独处"的习惯。有效性是一种后天的习惯，是一种实务的综合。既然是一种习惯，便是可以学会的。从表面上看，习惯是很单纯的，一个七岁的小孩也能懂何谓习惯。不过要把习惯建立得很好，却是不容易的。习惯必须靠学习才能获得，就像有人打的比方一样，我们每天读乘法表，一遍又一遍，直到我们纯熟得不加思考随口可以说出"六六三十六"，那就成为我们固定的习惯了。

再如，作为教学管理者，工作极为繁忙，常常没有时间读书，那么一定要读经典的书。而读好书一定要反刍，要结合自身的实践反复验证、反复咀嚼。随着阅历的增加、能力的提升、胸怀的宽广，收获将更大。要求人家读书，自己首先要读书，要求人家自律，自己首先要自律，这样才能达到管理的效果。

当然，真正做到把握好自己的时间很难。这里就有一个"他用"和"自用"的问题。就看当事人的"你"怎么把握。所以，人的心态决定状态——迎难而上，不是一味地发牢骚，不然，所有的时间都在埋怨宣泄中滑走了。

管理者不能显示特权，甚至还要用超额的时间完成自己的学习与反思——没有光环与虚荣，他必须以责任为基础，以卓有成效为目标，致力于带领整个组织或者团队，穿过不确定性的海洋走向成功的彼岸。

在日益变化的教育环境下，每一位管理者都可能为自己能否胜任、能否有效而感到苦恼、担忧。我们必须明确的前提是——学会使用自己的时间。这是对管理者提出的切实可行的忠告与建议。

注意使自己的努力产生必要的成果

在管理的有效性上，我的体会是：求是——创新。以提高有效性的目的去创新，再将教学创新的成果以求是的态度去探索其中的规律，并在这个规律的指导下，向更高层次的创新冲刺，以求在不断追求有效的过程中成为一名卓有成效的管理者。

有效的管理者并非为工作而工作，而是为成果而工作。这样的管理者不会一接到工作就一头钻进去，更不会一开头就探究工作的技术和手段，他们会首先自问："别人期望我做出什么成果？"——这是业务干部不同于专门管理人员的重要地方。因此，学校每一个教学干部都要拿出自己的"绝活"，让自己的研究成果对老师有所引领。

更深层的看，"成功靠不住，有效方长久"，关键则在于"知"，因为力行得真知，而真知才能导力行。"身先士卒"、"自下而上"的管理让教师感觉到领导不是高高在上，老师们的研究热情被调动了起来，学校形成了良好的教研氛围。管理者大量时间、精力的投入，换来老师们一起废寝忘食的研究，这便是管理的成效。

"请不要走在我的前面,因为我不想跟随你,请不要走在我的后面,因为我不想领导你,请你走在我身边,我想与你走在一起。"——这正是我们对管理"有效性"的最好注脚。

把工作建立在优势上

要有成就,必得在使命感的驱使下"从一而终",把精力专注在"一件事"上。在担任管理者的大多数人中,高度有效者,殊不多见。为何有才华的人往往最为无效?因为他们并没有领略到才华本身并不等于成就。他们甚至不晓得,一个人的才华,唯有透过有目的、有条理、有系统的工作,才能所为有效。

有效的管理者善于集中精力于主要的领域。在这少数主要的领域中,如果要产生优秀的绩效,还要设定优先次序,而且坚守其设定的优先次序。有效的管理者知道"要事第一",善于利用"长处",包括自己的长处、上级的长处、同事的长处和下属的长处。

因此我们要善于抓住有利形势,做我们想做或者能做的事。不要把工作建立在自己的短处上,也绝不要去做自己做不了的事。与其马马虎虎做许多事,不如认认真真做好一件事。这件"事"一定是对教师整体发展起到"牵一发而动全身"的事,即抓能"立竿见影"的主干学科先行一步,然后带动其他学科的课程改革共同前进。

落实规划永远比制订计划重要。管理有了标准,落实才是硬道理。被管理者不是被动的旁观者、接受者,而是参与者。教学的管理者要努力使被管理者主动建构管理的过程——所有的这些都靠教学管理者真正把管理当作一门科学，挖掘被管理者的才华，组织被管理者的才华。而这"被"就由"被动"变成了"主动"，这就成了管理的艺术。

一句话：教学管理者必须充分利用自己的长处，发挥其重要职能，有效引领理念，提供有价值的教学策略。

善于做出有效的决策

有效的管理者必须善于做出有效的决策。他们知道一项有效的决策，绝不会是"一致意见"的产物，而总是在"不同意见讨论"的基础上做出的判断。他们知道快速的决策多为错误的决策。真正不可或缺的决策，数量并不多，但一定是根本性的决策。他们需要的是正确的"战略"，而不是令人眼花缭乱的"战术"。

作为管理者，我们常被问及"你们学校的管理目标是什么？"回答往往是"我们的工作是给教师提供良好的教育"。那么，这个"良好"如何实现？换言之，如何施行良好的管理？这就要求教学管理者目标明确、思路清晰，有实践能力，有思考高度——更重要的是能够清晰判断眼前的教育现象何去何从，并及时做出有效的决策。

当下，需要进一步思考的是"有效性虽然人人可学，但却无人可教"，德鲁克的这句话告诉我们，有效性是可以学会但不可以教会的。有效性的学习是一种挑战，一种实践。你想学习有效性，但又不肯在实践中去思考问题背后的原因是什么，不去探索创新的路径，而是企图寻找捷径，等待别人教给你一个现成的理论或模式，那你一定与有效性无缘。

如同禅宗里的一句话，"借来的火，点不亮自己的心灵"。管理的策略看起来似乎平淡无奇，只有那些有一定管理经验的读者才会发现宝藏。深入浅出的观点背后，常常是入木三分的深刻，反复咀嚼后更体会到甘甜无比、回味无穷。

心智决定视野，视野决定格局，格局决定命运。

共勉。

2007 年 1 月

谁能把亲人留住

读到这本书的名字,情不自禁想起《外婆的澎湖湾》——"晚风轻拂澎湖湾,白浪逐沙滩,没有椰林醉斜阳,只是一片海蓝蓝。坐在门前的矮墙上一遍遍幻想,也是黄昏的沙滩上有着脚印两对半。"这是我童年的歌谣,虽从小没有外婆陪伴,但这首歌给了我哼唱的快乐,无限的向往。

打开《外婆住在香水村》——请原谅,作为已经快进入知天命年龄的我,一页一页翻开,感觉与《外婆的澎湖湾》似乎有一种共同的乡愁,但又有其更复杂的东西。

生命的不可控,亲人相守的温暖、依恋,离别的伤心、酸楚。人世间的去留,是为何?

小乐看到金黄色的夕阳,忍不住说:"妈妈,你看,外婆在天上煎蛋呢!"

有一天,下了一场大雨,小乐不能出去玩,他烦恼地对着天空说:"外婆,你不要在那里洗衣服啦!水都滴下来了!""可是,你不要去和外婆喝下午茶喔!你和我在这里喝,好不好?"妈妈把阿力搂得更紧了,她轻轻地说着:"天上的香水村很远耶!不是搭火车就可以到的。"

天上真的那么美好？为什么即便这样，我们也不愿意亲人前去？谁能把亲人留住？谁能与命运抗衡？这是天然的宿命，你永远留不住，你必须面对。

很羡慕作家和画家，他们可以以自己喜欢的方式，在面对巨大悲痛时，找到一种诠释或者解脱自己的途径，并把自己的人生感悟用这种方式告诉我们。无论如我一样年龄的人，还是懵懵懂懂的孩童，对亲人的离去，在恐惧与无奈中走向理性与安慰，珍视生命与亲情。

看一本好的图画书，一定还有故事中的故事。"香水村"的意境，"小乐"的名字，蔓延全书的醡浆草的藤叶，那只时而观看、时而喝水的黑猫，枝头的小鸟，墙上挂着的小动物玩具，以及小乐的挖土机……无不给你联想与想象。画面风格灰暖色，也弥漫一种愁绪，一如那不变的爱，弥散在整个画面……

有人问，作品可以疗伤吗？作品可以解脱一个人吗？回答是肯定的。借助书的内容，人们能够获得情感与心灵的慰藉。想起我和同学们阅读《大脚丫跳芭蕾》时说的话：所有的故事都曾经发生过，所有的故事都是同一个故事，所有的故事都是你我的故事。

好书给人的都是这样的感觉。

2014 年 10 月

也有那淡淡的哀愁

《草房子》最初是1998年和学生一起读的。

文章不厌百回读。几天前,我和图书馆的老师们商量童书摆放的问题,几种不同版本的《草房子》映入眼帘,我很自然地拿起其中一本。打开,一股古典、温馨的气息弥漫开来。几个小时下来,阅读的感觉和八年前大不相同,竟致泪流满面,呆在"草房子"里,走不出来。那些故事里的嘻笑、欢聚、离别,都成了我内心淡淡的哀愁。

曹文轩说:"那里的每一粒沙尘,每一个场景,每一个人物都是可以进入到文学世界里去的。"的确,当你走进《草房子》,乡野纯净的天空下,微风翻卷着荷叶,懵懂的少年奔跑在夕阳里——"草房子"这三个字,成了一口心泉,回忆吹拂着,情感泛起波纹,轻轻地荡漾。让桑桑刻骨铭心的"草房子",就好像是我小学读书的地方。

正如油麻地小学的草房子一样,我的儿时教室同样是"草房子"。虽不像桑桑学校的草房子"很贵重"、"经久不朽",但同样不是用一般的稻草或麦秸盖成的,而是用百里外的靰鞡草盖的。这是东北的三宝之一，就连我们家住的房子都是用这样的草盖的——受着北风的吹拂与毫无遮掩的阳光的曝晒，一根一根都长得坚挺而有韧性。

秃鹤坚守着人格的尊严；纸月文弱中透着坚韧与沉静；细马小小年纪就挑起"当家人"的担子；大红门里的杜小康，因家道一落千丈而失学，其痛苦中的沉沦与奋争……都撼人心魄。还有秦大奶奶的性格转变，蒋老师与白雀热烈而无望的爱情，温幼菊忧郁、感伤的无词歌……这些同学好像都是我儿时的伙伴，那些大人就是身边的邻居，只是人名不同而已。原来，我的草房子和桑桑的草房子，我的伙伴和桑桑的伙伴，虽然命运不同，但生命里都洒满了温暖，当然也有些许无奈，正如门前的那条河，流淌着淡淡的忧伤……

故事的最后，桑桑自己也因患病而经历了"死一回"的痛苦体验。这六年，是他接受人生启蒙教育的六年，他似乎朦朦胧胧懂得了什么是情，什么是爱，什么是生活，什么是人生，从而逐渐感悟到"所有的人，都是在这一串串轻松与沉重遭遇中长大的"。我虽不是男孩，可桑桑的成长又何尝不是我们的成长？我们那颗天真的童心，不也如同桑桑一样逐渐敏感细腻起来的吗？品尝着生命中的爱与哀，体味着人世的欢愉与悲凉。现在，成年的我，越来越相信，这种人生滋味不是非要等到自己完全成熟之后才能够体会得到。桑桑从一开始便不得不面对它了，而由它构成的"苦难记忆"，往往决定着一个人一生的走向。

书中桑桑和纸月那种少男少女间毫无瑕疵的纯情，我们的童年好像多少也经历过。确实，一个少年对女孩的喜爱，或者一个女孩对少年的喜爱，表达方式虽然多种多样，但大都包含了调皮、胆怯、逞强……害怕直接接触却又时时挖空心思地想引起对方的注意。喜悦与忧伤都积淀在少年朦胧的记忆片断里。

小学时，身为正班长的他和我曾经一起表演节目，一起组成学习小组写作业。因为我的假小子性格，我成了"垂帘听政"的。我这"一把手"不停忙活班里的工作，他就默默躲在一旁帮助我抄作业……"桑桑为了吸引纸月的目光，夏天穿着大棉袄在操场上走来走去；桑桑为了纸月不被欺负，悄悄起个大早去打架。"我不是也有类似这样的故事吗？只是，我那时透着傻气和稚气，略微有点潜在的"悟性"。自从上中学，我们到了不同的学校读书，到现在也没再见一面。不过，《草房子》就有这样的魔力，它能带你将自己的故事带入别人的故事——梦一样的氛围里，那坐落在山脚下的草房子，那个门前有一条河汊的草房子，充满了我和他，还有我的那些伙伴们无尽的情趣与诗意啊！

"那个1962年8月的一个上午，桑桑坐在草房子的屋脊上，他忽然觉得自己想哭，于是就呜咽起来。明天一大早，他将载着他和他的家，远远地离开这里——他将永远告别与他朝夕相处的这片金色的草房子。"

多么不舍。多么难过，我开始想象远走的桑桑将来成了什么样子？他还会回到麻油地吗？多少年过去，那个装满他童年的草房子还在吗？我开始怀旧。我小学时的草房子已经变成了瓦房。尽管它结实、现代，但就好像无情的地基一样，把我那草房子的记忆压在地下了。我伤心的同时也自问起来：难道这是一种过时的情愫？难道这是多情或矫情？为什么这惆怅，却能在我灵魂中氤氲呢？

而后的多少天，淡淡的哀愁总是充斥我心。我发现，眼泪流过，记忆定格，当我写下这些伤感的时候，老家的苍凉幽咽，仍让我一往情深，引起遥远的相思。快乐之后忧郁一下、热烈之时伤感一点……这些柔软的东西救了我，泪水变成很好的宣泄，哀伤成了我最好的排毒。

"儿童文学给儿童带来快感的，既有快乐的，也有悲剧的，比如忧伤。从整个文学史看，占有崇高位置的基本上还是悲剧范畴的概念。忧伤是一种文化产物，当文化程度达到一定状态，对世界有了一定的认识，对人类的生存有了一定的理解之后才会有的情感。忧伤还是一种非常美的情感，只要掌握好分寸，就是一种非常好的东西。"

我开始相信，真正把哀愁作为一种情愫的，属于精神贵族。时代面前的惶惑，小悲欢下的失落，个人命运的无力，变故和冲击下的无法承受……回顾和思考这些的时候，我变得更加温情和怜悯——这人性深处的潜流，坦然涌溢到我的眼眶和身心，并在我生命的总构成中，获得足够的份额。

2008 年 12 月

好得令人"心疼"

马克·吐温说:"一个人最后的成熟,是他情调上的成熟。"把这句话移用到读书上来:一个成熟的、有自己品味的读书人,通常有着私人化的读书情调。当然也可能是一种自以为是的偏执——不读热闹的书。这就有了一个悖论:在这个容易被"蛊惑"的时代,我们的视野免不了会被舆论宣传所"蒙蔽";而那些保持着高贵的、有些"洁身自好"的书,却会藏在"热闹"的后面不为人所知。如陈家琪的这本《沉默的视野》。

这本书出版五年后,我才读到。不能不说迟了一些,好在毕竟读到了,还在心里变得"热闹"起来。陈教授以叙述的方式回忆以往,又以思考的方式检讨人生——这种呈现,是陈教授一直强调的,也是我们在自己的生活中所能获得的那些哲学"词语"组成的。

词语就是生命,就是思想。词语的意义之不同,就如同黑格尔所说的从一个老人嘴中说出的"好人"与一个孩子心目中的"好人"是全然不同的两回事一样。我是小学语文教师,提倡主题教学,要为孩子的生命奠基,而栽培在孩子们心中的就是词语。于是，我试图跟随作者一起回忆他们那一代人所经历的"权利与权力"、"讲理与讲礼"、"状态与形态"等等"词语现象"，思考他们那一代的词语意义的形成发育史。于是，也就像一个儿童获得了特别喜爱的礼物一样兴奋。基于篇幅，我就从这本书的大树中摘几片词语的叶子，端详一番。

意思与意图

"对象语言"和"元语言"的区分只是相对的，而且仅仅涉及"意思"，却无关乎"意图"。可我们的习惯却是：说出一句话的"意义"不仅取决于词语本身的"意思"，而且取决于或者说主要取决于说话的"意图"。陈教授说："看来，'真实'不是指你真看到了什么，而是指你想看到什么中的这个'想'字在多大程度上是'真'的；……所以'真实'是一种能力，丧失这种能力比不知道什么是真实更可怕。'想'也是一种能力，但并非是作为'动机'或'意图'的'想'而是'该怎样表达'的'想'。"

多么精辟的见解。他还进一步分析，"想"（怎样表达）的真实性又取决于什么呢？如果你的"想"只不过是遵从你事先被训练出来的一种习惯的说话方式，即通过不停地说而形成的一种舌头本身的"运行机制"，那么不论这种意图表现得多么诚心诚意、乖巧，也不可能是真实的，因为你并没有在词语本身上用"力"，没有用你自己的生命去探讨词语的限度，"你只能在词语浮现的踪迹中确定一种生命的真实"。

真正能触及真实的，是用自己的生命体验去突破词语的既定视野，创造出一种活生生的词语，来表达哪怕是已经过去了的、甚至"盖棺论定"了的事实。可时至今日，我们的词语，为什么还只是奔着"意图"使劲？比如，听别人说话，总是揣摩，对方说的是什么意思？这就好比陈教授比方的，"文革"时候，学习、宣讲的"词语"看似是字面或文本的意思，但你必须从字面意思领悟到意图，看这样说的目的究竟指向哪里。看看我们现在的生活——说心里话，听领导讲话，往往会揣摩这些词语有什么意图。因为，如果你不理解领导的意图，你就不配做下属。教师之间呢，交流感觉往往也是怀揣着意图进行对话的。我们活得多累啊！这种"累"是不精通汉语和不长期居住在中国的人所永远也体会不到的。

当然，词语的意思往往是与意义联系在一起的。陈教授讲"文革"期间那些仔细揣摩的词语，读起来让人觉得"真有意义"——他上学时和伙伴们的作文都是些"毛主席万岁万万岁"，"我要做毛主席的好孩子"之类的词语。几十年过去了，假而空但带有"意义"的词语依然很有生命力。记得15岁的我上师范学校，第一次自我介绍时，印象最深的一次表决心就是："要用马列主义毛泽东思想武装头脑……"现在想想不免哈哈大笑，可那时候我们都没有笑，而且还一本正经。别忘了当时已是1982年。

再看看我们的课堂，和陈教授小时候学习的感觉又有多大区别呢？我们在教学生学习语文的时候，不是依然动不动就要把"比喻"、"隐喻"、"转喻"这些很专门的概念引向对"动机"或"意图"的关注——告诉学生这个象征着什么，那个象征着什么吗？小学教材中有一篇巴金的《日出》，教学的时候自然会牵扯到参考书讲到的——巴金看到"海上日出"想到新中国的诞生，想到祖国未来的希望。其实有人采访巴金时，老先生说，根本就没有想到那么多。他只是把看到的大自然的造化原原本本表达出来，出于对自然的一种敬畏、敬重。再比如，我们让学生写一篇关于"家乡"的作文。我们的学生面对着家乡存在的种种问题、陋习，可作文中肯定要赞美的是"谁不说俺家乡好"。

"人能不能够教会狗伪装疼痛?我们能不能够知道狗在伪装?"——这是陈教授所引用的一位哲学家的话。人就是了不起,意图变成了惯性,成了我们精神状态中的存在,相信"话"必有意,意必有用。所以,"上纲上线"也就"自然而然"。

于是,我跟着他继续反问:"我是一个中国人,我也免不了中国式的智巧……难道我们真就这样几十年、上百年不变地在真相与诱惑面前如此熟悉地泰然自若下去吗?"

感恩与报恩

中国人讲"知恩图报"不假,可是中国人的"知恩"多少,往往是索取而后的感受。有人说,中国人是我需要你,我爱你;西方人是我爱你,我需要你——这也许是对报恩与感恩的截然不同的两种理解。

想想小时候背诵的"人不犯我,我不犯人;人若犯我,我必犯人","为朋友两肋插刀","这辈子不报,下辈子报"等口号,不知不觉已经成了我们生命道德的"顺理成章"。更可怕的是,"文革"让这一类"词语"更加夸张扭曲,甚至走向极端——"天大地大,不如党的恩情大",于是,陈教授说,这种党的恩情,要世世代代永远不能忘记,任你怎么报答也报答不完。越报恩,恩就越大,恩越大,就越报不完。

陈教授在分析他那一代人所受的教育时说:"父子母子的亲情与对党的热爱比较起来微不足道,这已成为常识,就像1+1=2一样。"我知道,那一代,几乎所有的人,都具有这种感情。甚至"把最后一口吃的留给自己的战友而不是父母或子女,把最后的感情奉献给毛主席而不是自己的亲人，离自己越'远'、概念上越抽象的东西也就越实在、越重要"，还会理所当然认为"我们谁不是这样？"身边吃不饱饭、上不起学的孩子就很多，但人们那时更关心的是世界上三分之二尚未被解放的人民，似乎只有这样想时才更崇高。

　　这种思维的惯性在今天依然发生。教师为了给学生补课，置自己的孩子于不顾，结果自己孩子"堕落"了，却"拯救"了班级其他的孩子——这样的模范在我们教育界不是依然存在吗？试问，一个连自己的孩子都不顾的老师，会如此真切和自然地爱自己班级的孩子吗？为什么，我们评选的师德标兵大多"伤痕累累"、"痛苦不堪"地以牺牲自己的健康、牺牲自己家人的快乐为代价，才可能获得那些所谓的荣誉称号？

　　前十年，唱着《党啊，亲爱的妈妈》不还想流泪吗？前几年，我们不还是背诵着榜样雷锋的"对待敌人，像秋风扫落叶一样残酷无情"吗？请自问：敌人究竟什么样？谁是你的敌人？如果已经没有了"地富反坏右"，那敌人是我们身边的同学？我们的老师？他们的样子和我们真有什么区别吗？即使就是你心中的"敌人"，怎么，非要像秋风扫落叶一样残酷无情？

　　"文革"那一代的那种话语的立论，教育得人们太坚定了，太自觉了。不是你死，就是我活，这话听起来仿佛摆在书桌上的是带血的头颅。今天呢？类似北京师大女附中校长卞仲耘被本校学生毒打致死的事件不也是还在发生着吗？2006年4月26日，西北音乐学校高二音乐甲班一名女生黄艳（化名）因为违反学校纪律，被学校副校长责令停止了下午的排练学习。然而，女副校长怎么也没有想到，自己的处罚决定竟招来了女生父亲的一顿拳脚。病床上，回忆起自己被打的一幕，满含泪水的女副校长伤痛心更痛："老师的工作就没办法干了！""谁还敢再去教育学生？"当她被打倒在地满嘴流血时，站在旁边的黄艳得意的眼神深深地刺痛了她的自尊心。难道这没有刺痛我们的心？"师道尊严"的"道"没有了，还谈什么"尊严"！

我们，是否，羞耻心或道德已消失殆尽？当人们走向反面，内心都有的那种"恶"的欲望被调动起来，渴望堕落，渴望离善而去，什么都可以放纵，让自己肆无忌惮起来的时候，这个社会靠什么维持？

于是，我又跟着陈教授追问："让视野沉没，让隔膜、生疏、断裂、陌生，成为生活的真实。而这一切都是为了使自己感受孤独；只有孤独者，才可能对现存的一切重新发问，并为一种关于可能性的焦虑所激动，从而与生活发生新的联系。"

听话与对话

陈教授说，"文革"的始作俑者当然希望用"文革"话语掌握群众，一统天下，从而达到他们的政治目的。他们能够做到这一点吗？表面看起来做到了，实际上没有；或者说，他们在做到的同时，又催生出许多他们并不希望见到的东西。于是他们就得再次创造更"一统"的声音，让你的口型统一，喉咙发出同一种声音。因此，深受"文革"话语影响的人特"听话"——类似宗教信徒，虔信"最高指示"。还有一种"听话"，就是不必说出"话"，因为说不说话，话的弦外之音已经传达给了你，而只要把这个"音"装在你心中就行了。

今天呢，这两种"听话"依然是许多人心中的道德标杆，甚至成为世世代代"活着"的最好庇护。我们教育学生时，动不动就

"看谁听话"。过去小孩子几乎都听话,可今天,小孩子大多不听话。但,我们会根深蒂固要求他们一律听话。上课注意听讲,规规矩矩,"别哭"、"别闹"、"别说"、"别玩"……我们是明白尊重学生的这个理的,但教师仍然喜爱学生们以"顺从"的姿态听话。当今新的课程改革,讲究师生的平等,强调师生由"听话"转为"对话"。从深层意义上讲,它挑战我们关于师生关系、认知本质等方面的思维成见、定见。

用巴赫金的观点:课堂是多种"声音"相遇的地方。他的一个经典问题是:"是谁在说话?"一个人说话不仅反映了说话人的声音,还反映了话语所指向的那个人的声音。另外,这种声音包含了说话者早先的生活经验、他的历史和他的文化,因此,这种声音中拥有很多他者的声音、他者的意图和态度。在所有他者的声音之外,说话人还保留着他或她的声音。

因此,我们所说出的话不仅属于我们自己,而且属于他者,我们只是临时占据了这些话。一个人说话,实际上有众多的"他者"在参与,是混合的"杂语",迁移到课堂上,教师要善于识别并引导学生去发现有"谁"在发声。

遗憾的是,我,我们理解的对话,往往还是教学过程上的"谈话法"、"提问法"、"问答法"等,充其量也就是一种方法而已。当学生的话语不能顺着教者的心思、甚至触碰了你的逆鳞,你的表情和语气又会是什么样子的呢?你骨子里,心灵里彻底地达到"对话"的境界了吗?

教师真正改造自我,学会运用"对话",就会在一次次具体的对话场域中,重塑孩子的精神境界和人生意义,进而改造人性,改造我们这个社会。否则,当听话成为习惯,感情就会变得麻木与冷漠,思维失去了动力,思想就会窒息死亡。想起美国波士顿犹太人屠杀纪念碑上的著名短诗：

> 在德国，起初纳粹追杀共产主义者，我没有说话——因为我不是共产主义者；接着，纳粹追杀犹太人，我没有说话——因为我不是犹太人；后来，纳粹追杀工会成员，我没有说话——因为我不是工会会员；此后，纳粹追杀天主教徒，我没有说话——因为我是新教教徒；最后，他们奔我而来，却再也没有人为我站起来了。

没有人再为你说话，更谈不上有人和你"对话"。一切，由寂静走向"死亡"。写到这儿，突然有一种恐惧：没有把这些"词语"当回事，总有一天会遭到"词语"的报复。

于是，禁不住又跟着陈教授反思起来："越来越不想说话了，因为现在要的不是说话的权利，而是不说话的权利，要知道，心头，那恐惧与压抑更……"

刚捧起书时，知道陈教授的"胆"疼着。读着，知道他疼了三个月，做了两次手术。读完，陈教授的胆也摘除了。一路读来，仿佛"胆"也跟着陈教授疼着，其实，心在疼——"重整河山待后生"，如滔滔巨浪翻滚身心。深知"重整"，需带着疼去"洗涤"与"冲刷"那些词语，使视野不再沉默。路迢迢，我们应"尔其勉之"。

好书啊，好得令人"心疼"。

2006 年 5 月

那儿有再次成为好人的路

《追风筝的人》重点关注男性的成长，《灿烂千阳》则着墨于女性的命运。前者，阿米尔公子与仆人哈桑互衬，后者，莱拉和玛丽雅姆相对照。两本书出自同一作者，背景都是二十二十一世纪间的阿富汗。

虽然不是在同一年读这两本书的，可相同的阅读体验是，你必须连夜看完，一口气去读，仿佛慢一点，主人公的苦难就会深重一些，或者说，如果不加紧看，就会觉得自己像个罪人。胡塞尼说："我向来只为一个读者写作。"我也只为我自己阅读，那就记录下属于我自己的感受吧！

那两个出身一样的"哈拉米"

"他的嘴唇从中间裂开，这兴许是那个制作中国娃娃的工匠手中的工具不慎滑落，又或者只是由于他的疲倦和心不在焉。"

这是《追风筝的人》中对哈桑外貌的描写，一个不爱说话、憨厚老实如泥巴般的少年仆人形象。少年主人阿米尔是一个懦弱的孩子,他的爸爸却极其粗犷、豪放、旷达,极其男人的爸爸对他很不满意,甚至把更多的爱给予了仆人哈桑。阿米尔一心想改变爸爸对自己的印象。这不仅是为了夺回属于自己的爱,也是作为一个主子对仆人的尊严。

喀布尔一年一度的风筝大会再次到来。幸运的阿米尔,在哈桑的帮助下赢得了风筝大赛的殊荣,爸爸也终于破天荒地,在看台上为其鼓掌。除了战胜所有的风筝选手,割断他们的风筝线,让他们的风筝坠落,赢得风筝大赛的冠军,如果能够拣到亚军坠落的风筝,那么,就会获得完美的胜利。当哈桑好不容易追到那只蓝风筝,却被阿塞夫侮辱时,躲在一旁的阿米尔选择了逃离。

哈桑为了小主人,选择了沉默,独自承受着来自身心的煎熬。由于阿米尔的逃避心理,他萌生了让哈桑离开庄园的想法,把自己的手表放到哈桑床铺上,以此来证明哈桑是个盗窃犯。哈桑违心地承认,无语的委屈,读着让你不能忍受。最终,自尊使得哈桑父子选择了离开。

阿米尔在父亲病逝、从美国返回老家时,突然发现哈桑竟然与他是同父异母的兄弟,他了解到父亲的双重性格,善良与错误,深知父亲最深的痛,阿米尔是父亲的阳光环,哈桑却生活在阴影中——哈拉米(私生子)。于是,阿米尔开始了对自己的救赎。能够拯救自己心灵的只有自己。

"晌午的骄阳照在波光粼粼的水面上,数十艘轻舟在和风的吹拂中漂行。我抬起头,望见两只红色的风筝,带着长长的蓝色尾巴,在天空中冉冉升起。它们舞动着,飞越公园西边的树林,飞越风车,并排飘浮着,如同一双眼睛俯视着旧金山",此刻,哈桑的声音响起:为你,千千万万遍。哈桑,那个兔唇的哈桑,那个追风筝的哈拉米。

"平直并且不匀称的双肩；暗淡无光的头发；一双忧郁的眼睛靠得很近，人们或许认为她是斗鸡眼。她的皮肤粗糙，长着斑点的脸上看上去有些呆滞。她觉得她天庭太宽，下巴太尖，嘴唇太薄。这张脸给人整体的感觉就是一张长长的三角脸，有点像猎犬。"

这是《灿烂千阳》中对玛丽雅姆的描写。在她自己看来，由平平无奇的五官构成的这张脸，虽然总体来说不漂亮，但非常奇怪的是，它看上去并不让人产生不快的感觉。五岁时，玛丽雅姆第一次听到"哈拉米"这个词。那是她妈妈责骂她的时候说的。

妈妈曾两次对她说："就像指南针总是指向北方一样，男人怪罪的手指总是指向女人，你要记住这句话，玛丽雅姆。"戴着"哈拉米"锁链的她，由父亲包办婚姻，十五岁嫁给了大她几十岁的鞋匠。她开始喜欢戴布卡，因为不用担心人们看穿她过去那些耻辱的秘密，那真是一个妇女戴上布卡才能感到安心的国家。而家庭暴力的拳头一次次打向她的头颅，门牙被丈夫打掉，经历六次流产……作为女人，作为人的本能的最后忍耐，最终，她杀死了丈夫，然后充满安宁地走向死亡。

"人们数不清她的屋顶上有多少皎洁的明月，也数不清她的墙壁之后那一千个灿烂的太阳。"这是作家借着波斯诗人塞依伯歌颂喀布尔的诗送给女人的祝福，并作为书名。

对比两个"哈拉米"，你会有一个更大的发现，"风筝"与"千阳"共同牵动人们心弦。风筝，象征阿米尔与哈桑的友谊甚至兄弟亲情，以及后来因追风筝所引起的背叛。千阳的那端，系着玛丽雅姆的梦。原来，"风筝"和"千阳"都象征着皎皎易污的纯洁和需要努力追寻的美好。两个"哈拉米"，饱受着贫穷、战争和被奴役的折磨。猛然明白：风筝、千阳，为你，千千万万遍，呼唤的是，人类相同的亲情、友情、爱情，以及正直、善良、诚实这些人性中美好的东西，用忠诚与执着连接着。为这，哈桑遭受侮辱、玛丽雅姆遭受苦难，很多人付出了生命的代价。

读着两个"哈拉米"的故事，泪水经常打湿眼眶，跟着他们难过、伤心、绝望而又充满期冀，与此同时，也不停地洗涤自己的浮躁与埋怨。身为女性、身为教师、身为人母，时至今日，周遭和平、祥和，正直、善良、平等、诚实伴随于我。对比他们，几乎和我生活在同一个世纪的他们，总有一种庆幸之感，尽管我们这个民族还有许多地方要修正。觉悟中，感谢阅读，心中也有了一个风筝，也有了一个成为隐喻人格中不可缺少的，心中希望的灿烂千阳。

那属于同一丈夫的她俩

《灿烂千阳》两个主角中，玛丽雅姆之外，还有一位叫莱拉。一个不谙世事却被世事击倒，一个憧憬着美好却被战乱宣判"死缓"；一个希望融入父亲家庭温馨的氛围，一个曾被真诚的好友众星捧月；一个胆怯到懦弱，一个却活泼自信……然而，相同的是，都只能每日无奈地看着共同的丈夫——残暴恶劣、大她俩四五十岁的喀布尔鞋匠拉希德那丑恶的嘴脸。

没有忘记《灿烂千阳》中这样的细节，苏联入侵阿富汗（1979—1989），莱拉的两个哥哥死于战争，但她的爸爸说，不管人们对共产党怎么看，那可是阿富汗妇女难得的好时代。是啊，尽管那是一段"被占有"的日子，女人还可以化点儿妆，还可以走上街头。

可苏联被赶出之后，内战更加糟糕，炸弹动不动就飞到家里来。曾经美丽的林阴道遍布废墟。莱拉的父母和兄弟在轰炸中离开了她，剩她一个人孤零零活在喀布尔。生计所迫，下嫁保守派伊斯兰教徒拉希德，正赶上塔利班得势，丈夫的霸道得到大环境的支持，奉行原教旨主义的塔利班明令禁止妇女在街上闲逛，任何情况下不得露出面孔，体育馆成了表演极刑的场地。

"布卡"是那种把伊斯兰妇女从头裹到脚，隔着一层网状屏障看世界的外罩。外人总爱想象——必须戴着布卡出行的妇女是多么不幸，但莱拉却在丈夫命令她带上布卡后，感到舒适。只是她戴"布卡"和玛丽雅姆目的不同，戴上"布卡"，她就不会被曾经对她寄予厚望的老师、熟人认出来，无须让他们看到，她的那些远大的抱负都已经烟消云散。

"你就觉得自己很聪明，读过很多书和诗歌，"她的老鞋匠丈夫对她说，"你所有这些才华有什么用呢？你不用流落街头，靠的是我还是你的才华？"

像一根鱼刺扎在喉咙。流落街头的女孩就意味着被强奸和被杀害。莱拉的生活中曾经两次燃起希望，一次是准备和父母以难民身份去美国，但在出发前，一枚炮弹落到他们家；一次是她准备逃离暴戾的丈夫，但在车站被塔利班扣住了，因为，妇女不能在没有男性亲戚的陪同下出行。正义不能得到声张，当地的法律只保障男人的权益，莱拉被遣送回家后，又遭到更为严酷的家庭暴力。

胡塞尼一次次把希望按下去，虽然残忍，但却更接近现实。阿富汗在全世界有200万难民，但全国人口大约有2800万，留在战火中的才是大多数。联合国儿童基金会的报告显示，阿富汗还是5岁以下的婴儿及产妇的死亡率最高的国家之一。25％的儿童在5岁之前死亡。每天有50个妇女死于与怀孕相关的并发症。

小说中，莱拉就是在没有麻药的情况下，进行剖腹产的。在那个家庭，决定妇女地位的是繁殖能力，玛利雅姆没有孩子，再加上难看,丈夫对她就像对待一块抹布。正如丈夫形容的,她好比一辆伏尔加,而刚刚嫁给他的莱拉好比一辆奔驰。可当奔驰不再新鲜,而且要逃离他的时候,他还不是拳脚相加,甚至要置莱拉于死地!读她俩,就是在阅读灾难中的阿富汗,一个痛苦的缩影,一抹遏制不住的阴霾。

不过,"她想起过去那些夏夜,她和娜娜睡在泥屋平坦的屋顶上,看着古尔德曼村上空皎洁的月亮;那些夜晚很热,衬衣就像粘在窗户上的湿树叶一样紧贴在她们胸前。"她们还可以不断咀嚼《古兰经》,惨淡的现实割不断她们对美好的向往,她们的眼前不再是灰色,那静谧安详的小镇上有她们心中的灿烂千阳。

于是在阅读中你会读到他们彼此的理解、支撑。深深感受到,她们被同一个丈夫的鞭子狠狠地拴住,却筑起了非凡的友谊;她们,在苦痛与颠沛流离交织的年代、像母女般相濡以沫,用彼此的信任和支持,忍受着永无休止的家庭暴力和永无止境的战乱,枪炮击不碎她们对美好的向往,巴基斯坦上空的云,能掀开她们心中的日月。玛丽雅姆们,彼此扶持,协力抗争;莱拉们,虽然手无缚鸡之力,但心中却有坚定的力量……因为,她们就是灿烂千阳!

这灿烂千阳,在我们这一切都商品化了的时代,还能有她的地位吗?那遥远的象征,是否,也是我们生命中不可或缺的价值取向?生活在自己的国度,我们不也听到过"妇女能顶半边天"吗?然而,女性地位真正提高了多少?就业、职场、选举等,"骨子里的大男人"世界还是存在。但阿富汗女人带给我们的力量,两个阿拉米凸显的精神、心灵之光,正是对我,也应是对女性最好的人生启示吧。

那些获得救赎的人物

"但我会迎接它,张开双臂。因为每逢春天到来,它总是每次融化一片雪花;而也许我刚刚看到的,正是第一片雪花的融化。我追,一个成年人在一群尖叫的孩子中奔跑。但我不在乎。我追,风拂过我的脸庞,我唇上挂着一个像潘杰希尔峡谷那样大大的微笑。我追。"

这是《追风筝的人》的结尾。书的后半段写的是主人公阿米尔心灵的救赎。他认为自己是罪人,因而渴望被惩罚。他曾渴望被哈桑惩罚,但哈桑只会继续付出,而不会表达愤怒。他费尽周折找到了哈桑的儿子索拉博,也在控制索拉博的阿塞夫那里得到惩罚。于是,当肋骨一根接一根被阿塞夫打断时,当上唇被打裂,其位置和哈桑的兔唇一样时,他心里畅快至极,并感慨:"我体无完肤,但心病已愈。终于痊愈了,我大笑。"追到了心中漂移已久的风筝,重新成为一个堂堂正正的男子汉。

回想阿米尔小时候的表现,让人觉得,是因为童年的天真、童言无忌所引起。在这个意义上,救赎也是找回童年本真的一种方式。找回那个被变成大人的自己故意遗忘的世界,就是找到了真的自我。赶哈桑走,也是因为他无法在其面前面对自己,哈桑的存在,时时刻刻提醒着他,自己是一个这样卑鄙、软弱和背叛的伙伴。只有他走了,他才不需要痛苦地面对自我。

在深层的意义上,阿米尔的忏悔对象,并不仅仅是哈桑,也包括他自己和他的父亲与家庭,还有不能忘记的故土。忏悔的完成,再一次把他和故乡的关系确立起来,从流浪的异乡人,又变成祖国和故国文化角色的一员。这个深层隐喻,不过是通过童年的旧事来作为媒介完成，最后，他终于和家乡，和自己的故国取得了谅解，重建了精神联系和文化血脉。

当然，这一切的完成，都是以他认识到哈桑是他的弟弟作为直接线索的。换句话说，如果哈桑不是他的弟弟，只是那个童年的仆人，他还会赎罪吗？在他心中，他会发自内心地认为，他应该忏悔吗？尤其对一个仆人忏悔？要知道，哈桑对他施以爱和保护，以及甘愿受辱的时候，并不知道阿米尔是他的哥哥。即使知道，这种爱也不会打折扣，因为他是孩子啊。同样的，如果阿米尔不是他的主人呢？如果没有这一种身份，结局又会是怎么样呢？

就说那个阿塞夫吧，那是小时候强暴哈桑的痞子，愧疚感在他身上彻底丧失。他没有底线地凌辱一切弱者，因为他的世界中只有他一个人是人，其他人都不存在。阿米尔知道，自己身上有阿塞夫"种族主义者"的影子，所以他梦见阿塞夫对他说："你和哈桑吃一个人的奶长大，但你和我是兄弟。"

不过，阿米尔毕竟不是阿塞夫，他无法逃脱愧疚感的折磨，这种愧疚感显示他仍然是一个有良心的人。关于犯罪与忏悔，罪恶与自我赎罪的书有很多，罪总是有意犯下的，才需要救赎。因为，奉献者的生命重量会压得接受奉献者喘不过气来。后者会发现，除非他，给以同等分量或更多的回报，否则他心中总会有歉疚。或许，亏欠感是我们最不愿意有的一种心理，而如何处理亏欠感便成了左右我们人生道路的一个关键。

"当恶行导致善行，那就是真正的获救。"这是书中爸爸的朋友拉辛汗说的。这句话，可以作为处理歉疚的办法，尽管这不是最好的办法，但这仍然称得上是勇者的道路。阿米尔做到了。

其实书中的爸爸也一直在忏悔，他和仆人阿里也是自幼一起长大，可却与情同手足的他的妻子偷情，他无法公开承认哈桑是自己的儿子，这令他歉疚。为了弥补这种歉疚，他用他的财富和力量，慷慨补偿所有需要帮助的人并建孤儿院。

父亲因赎罪而获得自救。同样，《灿烂千阳》中的玛丽雅姆从生下来就觉得自己有罪。她觉得自己是一条害虫、一只螳螂。直到她看到莱拉会被丈夫掐死，拿起铁锹，杀死了那个属于自己的丈夫。她为莱拉的儿子没有了父亲而忏悔。包括莱拉，每一次"你亲爱的爸爸已经走掉了"的谎言一出，她俩的负罪感油然而生，尽管从法律上讲，玛丽雅姆杀死丈夫是在生命危急情况下的无奈的"自卫"。但她平静地接受死刑，此刻，她也获得自救。

比较这两本书，胡塞尼描写的人物虽然各有缺憾，但忏悔获得救赎的主题是含蕴在其中的，包括塔利班们。作家也借他们的口流露："人生就是这么绝望，在心碎之后，我们还得忍受一次又一次悲伤。我并不害怕，我相信当那一刻来临时，我会很高兴离开。"绝望之后，人们该何去何从？作者在最后指明了一条路。美国不是最终的救赎者，等人救不如自救，"这个国家唯一不能打败的敌人就是他自己"。

除此之外，胡塞尼人性化地点评了阿富汗历史舞台上的几位总统，向读者大概讲解了阿富汗几个主要民族。胡塞尼对伊斯兰的宗教习惯下了很多笔墨，通过小说，让我们看见还有很多伊斯兰教徒，像阿凡提一样热心、善良和隐忍。我想，这些描写的意义，也唤醒人类需要不断忏悔的心。于是，你才会在两本书的阅读中，感受作家胡赛尼的笔，犹如一把尖利的刻刀，将人性的真实刻画得近乎残酷，却又毫不哗众取宠。

掩卷，我觉得，作家的这两本书传递的一条重要信仰，就是苦难中的忏悔。虽然这是个灾难深重的国家，但这些主人公身上却有宗教信仰与情怀。反思我们这个民族有宗教信仰吗？我们血脉里有忏悔的基因吗？我们会忏悔吗？每一次该死的战争，每一次悲惨的事故，每一次政治斗争，造成浩劫的那些人，他们是否忏悔过？回望我们这个民族，走过的路，不也曾血迹斑斑、遍体鳞伤？我们是否懂得，忏悔，是寻找一条自我救赎的路？

"人生来就是有罪的"这句宗教话语，提醒我们时刻学会忏悔。就像两本书中那些不幸的人——当一切苦难与不幸穿过人生退场后，忏悔最终还是会走上台来。忏悔应该是个人终极关怀的自省话题。从某种意义上讲，忏悔与救赎之路与当下我们对"幸福与满足"之路的探寻有重叠性。不过，痛苦担当与自我解脱，在拯救与逍遥间，寻找人生的张力，那便是作家引用哈菲兹的诗句，告诉我们的：

> 约瑟将会重返迦南，请别悲伤
> 棚屋将会回到玫瑰花园，请别悲伤
> 如果洪水即将来临，吞没所有生命
> 诺亚方舟是你们在风暴中心的指引，请别悲伤

感谢胡赛尼，感谢这次阅读，让人性透过心灵，最终指向阅读者对自己救赎。正如书中告诉我的，"那儿有再次成为好人的路"。

2009 年 12 月

书　摘

真正的光明决不是永没有黑暗的时间，只是永不被黑暗所掩蔽罢了。真正的英雄决不是永没有卑下的情操，只是永不被卑下的情操所屈服罢了。

所以在你要战胜外来的敌人之前，先得战胜你内在的敌人；你不必害怕沉沦堕落，只消你能不断地自拔与更新。

选摘自［法］罗曼·罗兰著，傅雷译《约翰·克利斯朵夫》（江苏文艺出版社）译者献词第 7 页

我们一边生活，一边抱着一种荒唐的信念，认为我们自己就是我们的生活的主人，人生在世就是为了享乐。可是要知道，这显然是荒唐的。要知道，如果我们是被派到这儿来的，那就是出于某一个人的意志，为了达到某一种目的。可是我们却断定，我们生活只是图我们自己的快乐。那么事情很清楚，我们会落到坏下场，犹如那些不执行园主的意志的园户落到坏下场一样。主人的意志就表现在那些戒律里。只要人们执行那些戒律，人间就会建立起天堂，人们就会得到他们所能得到的最大幸福。

选摘自［俄］列夫·托尔斯泰著，汝龙译《复活》（人民文学出版社）第 503-504 页

这些成人，他们自己就一窍不通，还总是再三给他们加以解释。这的确把孩子们累得够呛。

选摘自［法］圣埃克苏佩里著，宋璐璐、杜刚编译《小王子》（吉林出版集团有限责任公司）第 3 页

冬天总不会是永远的。严寒一旦开始消退，万物就会破土而出。好啊，春天来了！大地将再一次焕发出活力和生机。但是前行的人们还需留心：要知道，春天的道路依然充满了泥泞……

选摘自路遥著《平凡的世界》（第二部）（北京十月文艺出版社）第 88 页

以前在惊涛骇浪中浮沉，我曾经渴望寂静，梦想着有一个风平浪静的港湾，好安顿遍体鳞伤的身心。现在我得到了寂静，同时也就明白了，寂静不等于安宁。轻柔温软的寂静，有一个冷而且硬的内核：它是刹那和永恒的中介，是通向空无的桥梁。当我感觉到，而不是推理到这一点的时候，我产生了逃避寂静的欲望。

选摘自高尔泰著《寻找家园》（北京十月文艺出版社）第 206-207 页

历史的发展是不能割断的，在发展的过程中，任何一个时代对于前一个时代，都不是全盘否定，而是扬弃。在扬弃中完成了承先启后、继往开来的责任。现代化的哲学家也沿用了宋明道学的词句，但并不是依傍于宋明道学；是"接着讲"，而不是"照着讲"的。

选摘自冯友兰著《中国现代哲学史》（生活·读书·新知三联书店）第 161 页

请记住：儿童的学习越困难，他在学习中遇到的似乎无法克服的障碍越多，他就应当更多地阅读。阅读能教给他思考，而思考会变成一种激发智力的刺激。

选摘自［苏］B. A. 苏霍姆林斯基著，杜殿坤编译《给教师的建议》（教育科学出版社）第 21 页

每个人，早在童年时期、特别是少年时期和青年早期，就应当获得自己的精神生活的完满的幸福，享受劳动和创造的欢乐。

选摘自［苏］B. A. 苏霍姆林斯基著，杜殿坤编译《给教师的建议》

（教育科学出版社）第361页

在灌输式教育中，知识是那些自以为知识渊博的人赐予在他们看来一无所知的人的一种恩赐。把他人想象成绝对的无知者，这是压迫意识的一个特征，它否认了教育与知识是探究的过程。

选摘自［巴西］保罗·弗莱雷著，顾建新、赵友华、何曙荣译《被压迫者教育学》（华东师范大学出版社）第73页

这种防御性姿态，以及观摩者对授课教师评头论足、一味指责别人缺点的研讨方式，都必须改变。研讨教学问题的目的绝不是对授课情况的好坏进行评价，因为对上课好坏的议论只会彼此伤害。研讨的焦点应针对授课中的"困难"和"乐趣"所在，大家共同来分享，以达到教研的目的。

选摘自［日］佐藤学著，李季湄译《静悄悄的革命——创造活动、合作、反思的综合学习课程》（长春出版社）第67页

外部强制力量的工具偶尔可以在教学中发挥作用，但是并不能取代威信。威信、权威是来自教师的内在生命。

选摘自［美］帕克·帕尔默著，吴国珍、余巍等译《教学勇气——漫步教师心灵》（华东师范大学出版社）第34页

只有亲身处于共同体之中，我们才能理解现实。

选摘自［美］帕克·帕尔默著，吴国珍、余巍等译《教学勇气——漫步教师心灵》（华东师范大学出版社）第98页

周益民 辑

你看,所有的星星都在笑
这一天,小王子看了多少次日落
窗下的小屋,飘出一支歌
亲历一个伟大时刻
快乐王子的忧和伤
故事长生不老
童话:童年的秘密花园
说给大家听听

周益民

语文特级教师,任教于南京市琅琊路小学。2010年被《中国教育报》评为"全国推动读书十大人物"之一。所著《回到话语之乡》《做个书生教师》《童年爱上一本书》分别入选中国教育新闻网2012、2014、2015年度"影响教师的100本书"。新近出版对28位儿童文学作家的访谈录《故事、儿童和作家的秘密》。

你看，所有的星星都在笑

是的，自从"小王子"来到这个世界，已经有无以计数的人谈论过他，未来还将不停地继续着谈论。我们多半没有更新鲜、更深刻的见解，为什么也要加入这谈论的人群？有位译者说得真好，"我其实只希望"，"可以用自己的声音把这个故事再说一次，在静夜里，说给自己听"。

你是否也做好了准备，准备着，用自己的声音把这个故事再说一次，说给自己听？

"小王子"是个孩子

小王子是个孩子。

他安安静静地从一颗遥远的星球来，又安安静静地向着那遥远的地方归去。

那个遥远的星球叫作B612小行星，小王子是那儿唯一的居民。

小王子的星球真小，小到比一座房子大不了多少。他只要把椅子挪动几步，就能随时看到日落。而他打扫那三座火山，则好比捅炉子，其中一座活火山还能用来热早餐。

在那个星球上，生长着一种可怕的植物种子——猴面包树种子。它会占据整个星球，树根能把星球钻透。为此，小王子必须定时去拔除那些猴面包树的树苗。

最最重要的，小王子是个孩子。

孩子跟大人有不同吗？

哦，那完全是两个不一样的世界，是两个完全不一样的星球。

小王子在星际间旅游，遇到的大人形形色色。国王、爱虚荣的人、酒鬼、商人、点灯人、地理学家，那样的生活不堪忍受。

"我到过一个行星，上面住着一个红脸先生。他从来没闻过一朵花。他从来没有望过一颗星星。他从来没有爱过一个人。除了做加法以外，他什么也没有做过。他整天跟你一样老是说：'我有重要的事，我是个严肃的人。'一脸的自命不凡。但他不算是个人，是个蘑菇。"这就是那位商人，整天忙得不可开交，甚至连抬头的时间都没有，只不过为了占有那些星星。

国王呢，只在乎他的权威。

爱虚荣的人，时刻等待着别人的欢呼。

听听小王子与地理学家的对话。"我还有一朵花儿。""我们是不记载花儿的。"地理学家说。"这是为什么？花儿是最美丽的东西！""因为花儿是短暂的。"

再听。一天，"我"修理发动机的时候，小王子问"我"花的刺有什么用。"我"实在不胜其烦，说："我有重要的事要做。"小王子很生气，激动地说："如果有人在亿万颗星星中，爱上其中一颗星星上面独一无二的一株花，他只要望一眼星空，就觉得他很幸福。他可以对自己说：'我的那朵花就在上面的一颗星星上……'如果羊吃掉了这花，对他来说，就像所有的星星一下子全都熄灭了!这难道也不重要吗?"

唉,孩子眼中的美丽与感情,在大人那儿竟这般毫无价值。

于是,有很多东西,大人再也无法看见。比如那幅蟒蛇图,比如箱子中的绵羊,比如生活中的欢笑与泪水。

尽管,所有的大人都曾经是孩子。可惜,只有很少的大人记得这一点。

大人真可怜!

小王子只是个孩子。

小王子永远是个孩子。

小王子就住在我们头顶的星空中,那颗微笑的星星里。

泪光映着沉思与欢笑

"本质用眼睛是看不见的,只有用心才能看清楚。"《小王子》这本书就是需要用心来阅读的。

故事从一开始,就让人百感交集。一幅蟒蛇图,大人却为何偏偏看不见?为什么他们总需要解释?如果你这般描述:"一幢用红砖盖成的漂亮房子,它的窗前有天竺葵,屋顶上还有鸽子……"喜欢数字的大人们是怎么也想象不出这房子有多么美的。你必须说:我看见了一幢价值十万法郎的房子。那么他们就会惊叫起来:多么漂亮的房子啊!

你遇到过类似的情景吗?这是为什么呢?

有位商人推销精制的高效止渴丸,说每周吞服一丸,可以节约53分钟。小王子说:"我如果有53分钟可支配,我就悠悠闲闲地向清泉走去……"

人们忙碌、追寻、绞尽脑汁,却偏偏忽略了,享受星光、清泉和日常的平凡才是最为美丽的事。小王子,启迪着我们重新打量人生中的爱、美与诗意。

还有那只狐狸,那个唤醒小王子"驯养"的哲人。狐狸告诉他,也告诉我们,因为"建立信任",于是彼此成为对方的唯一。"我倾听过她的牢骚和吹嘘,甚至有时我聆听她的沉默",因此"我要对我的玫瑰负责"。其实,孩子们最为明白:"他们为一个布娃娃花费很多时间,这个布娃娃就成了很重要的东西,如果有人夺走他们的布娃娃,他们就哭起来……"

信任,负责,"驯养",这些我们快速行走时逐渐遗失的东西,在呼唤着我们找回。

一本薄薄的书,总让我们思绪万千、浮想联翩。要知道,我们已经很少、很不习惯,也没有时间这样从从容容地去思想了。

有一天,孤独的小王子看了43次日落,我们无法知晓他内心的忧伤。令人欣慰的是,当我们悄悄心疼着他的时候,我们的思考已经出发了,就如去寻找那沙漠深处的一口井。

《小王子》是一首诗

《小王子》是一首诗。

"小王子"的故事就是一首诗。

浩瀚的撒哈拉大沙漠,"我"与小王子相遇。他来自一颗遥远的小星球。他游历太空,最后来到地球。他终于寻访到了苦苦追求的爱与责任。他想念他的玫瑰花,发现自己的玫瑰花才是永恒的唯一。

忧伤时他看日落,他为玫瑰的安全担心,他从狐狸那儿得到启发与慰藉,他为"我"和我们带来重新理解生活的方式……

所有这些，总是轻轻地拨动着我们，让我们的心为之一颤。

"小王子"的语言就是一首诗。

读一读吧——

"本质用眼睛是看不见的，只有用心才能看清楚。"

"一旦你驯养了我，这就会变得十分美妙。麦子的金黄色会使我想起你。而且，我甚至会爱上那风吹麦浪的声音……"

"一个人用心灵去看，才看得最清楚。最重要的东西，用眼睛是看不见的。"

"这朵玫瑰花，即使在小王子睡着了的时候，也像一盏灯一样在他身上闪耀着光辉……"

"在我还是个小男孩的时候，圣诞树的灯光，午夜弥撒的音乐，甜蜜的微笑，这一切都为我圣诞节得到的礼品添上幸福的光芒。"

"夜晚，当你望着天空的时候，你知道我就住在其中一颗星星上，我在那颗星星上笑着，那么对你来说，就好像所有的星星都在笑，你看到的是会笑的星星！"

还有，很多很多。它们用最朴素的语言，道出了最珍贵的情感，道出了属于全人类的真义。

小王子的画面更是一首诗。

画面就在文字中。

听狐狸说着"爱上那风吹麦浪的声音"，你的脑海是否浮现出层层麦浪，金黄一片？

听小王子说着"会笑的星星"，你是否看到了静夜里，安谧星空中那颗闪亮的星星？

读着读着，你又是否时时瞧见小王子那双澄澈而执着的眼睛？

当然，画面本就在"画面"里。

图文并茂是"小王子"的一大魅力。或许，你还没来得及走进文字，其间的插图已经把你吸引。那个金发的孱弱男孩，已经先于文字来到了你的眼前。与文字对照着看，抑或纯粹地赏观，都会有无尽的遐想。

就好比我，有时，明明什么也不想，却有一片金黄已然摇曳在心房。

2009 年 5 月

这一天，小王子看了多少次日落

要说极清浅又极深刻的典范，当属《小王子》。这部诞生于二十世纪四十年代的法国童话，已经成了无数读者心中的不朽经典，犹如头顶的日月星辰。这个学期，我的学生升入六年级，将度过小学阶段的最后时光。我特意将《小王子》留到了这一年推荐给他们，期冀这部诗意梦幻却又令人深深回味的童话，能够伴随他们走完童年之旅，走向更为广阔的天宇世界。

孩子们购买的《小王子》版本五花八门。据说，《小王子》是拥有中文译本最多的外国文学作品。起初我曾犹豫过，是否要统一版本，这必将方便集体的阅读与讨论，但随后我否定了这样的考虑。译本的多样化固然给集体阅读带来不便，但是，也同时提供了更多的阅读可能，这些不同的译本或许正可成为孩子们阅读、思考与讨论的一个抓手。不是吗？光就法文单词apprivoiser，中文译本就有"驯养"、"驯服"、"驯化"、"要好"、"眷顾"等多种表达，读者诸君恰可比较揣摩，各取所爱。

我是一个好奇心很强的人，面对诸多译本，常常忍不住要在心里排个队。我当然知道这样的想法有点幼稚，文学作品的比较不是体育赛事,优与次哪里会那么客观分明。

不止一个朋友提醒,你又不懂法文,你无法判断译文的高下。其实,类似的问题,也曾有读者问过著名翻译家周克希先生。周先生说:王安忆和肖复兴他们不懂法文,但是他们有种敏感,有种直觉,有种天赋的东西。他们能够透过我的译文,看到原作者想讲的意思,有时候他们比我看得更明白。

我像是着了魔,逮着个人就要问问他的看法,心底还孩子气地希望听到的也正是自己所喜欢的。一天,突然想起一位青年作家,某知名老牌文学期刊的小说编辑,他的网名即出自《小王子》,一用就是十多年,明白无误地宣告,自己是这个童话的资深粉丝。于是,也把这个问题抛给了他。

在网在那一边,他似乎未有半点思索,马上打过来一行字:我对《小王子》译本的喜欢与否只看一个地方,就是第六章中说小王子在那个黄昏看日落,是译成"四十三次日落"还是"四十四次日落"。

我一时吃惊得张大了嘴巴,一向标榜《小王子》是心中至爱,我竟从未注意过这一点。急急翻开手头的几个译本,果真两个数字都有。接力出版社和湖南文艺出版社分别出版了著名翻译家林秀清女士的译本,令人意外的是,同一译者,竟也是两种译法。林女士已于2001年故去,其中哪个是定本,暂时成谜。再打开一九七九年肖曼先生的中文首译,"四十三次"。

我追问朋友为何喜欢"四十四次"的译法,他说,"四十四"有一种形式美和韵律美。我再追问,"信"呢?他反问,"雅"呢?这儿,"四十三"、"四十四"两个数字在意思上并无差异。

这个解释有意思。第二天,恰好带着孩子们读到这一章。一个孩子朗读,持不同译本的孩子很容易就发现了译法的差异,这正是我需要的。于是，我将朋友的那番话贩卖了一下。

谁知，刚下课，一个孩子就举着本书走过来，老师，英译本是"forty-four times"，也是"四十四次"。这个孩子的版本是中英双语。这下，形式美与韵律美之说似乎有点站不住了。遇到问题就要搞个水落石出。上网查询，没有令人信服的结果。家里正好有本美国版的英文《小王子》，确是"forty-four times"。只剩下最后的法子，向各位《小王子》译者讨教。于是，通过网络，通过朋友的朋友，向数位知名译者发出讨教函。一位法语教授很快来了回复：不同版本这个数字有差异，我依据的是七星书社最权威的版本。

这个说法同样没有使我信服，一个数字，明明白白在那儿，这么多翻译家，其中不乏名宿，不至犯那么低级的错误吧？

有个朋友是英语专家，我把这个困惑告诉了他。他说，数字的规定不一样，英国说的一楼，其实是中国人和美国人说的二楼。

我的脑中立时一道灵光闪过，其中或许有文化的因素？这样的例子在翻译史上不胜枚举。

这个问题，以我有限的交往圈，询问旅德作家程玮女士最为合适，2007年，她也曾翻译过《小王子》。

程玮说，当年翻译时，她曾分别查询过英、德、法多种版本。她立即拍来了手边英国出版的英文本，"四十四次"。德文版，"四十三次"。法文版，"四十四次"。但是，程玮说，我信任德文版，德国人做事一向严谨，简单的数字怎么会搞错。可以推测，应该有多个法文版。

这件事惊动了程玮的先生班特·李博德先生（Bernd Liebner）。李博德先生是德国电视最高奖项格林姆奖的获得者，知名纪录片导演，对法国文学、法国文化非常熟悉。这下，一切柳暗花明：作者写《小王子》时四十三岁，所以，他的原著写的是"四十三次日落"。作者四十四岁去世，为了纪念他，此后的版本都改成了"四十四次"。李博德先生进一步解释说：作者传递的意思是，地球人的四十三年，对小王子来说，只是一天。

这是一个极其简单的谜底，可也是一个极其丰富的谜底。

2015 年 9 月

窗下的小屋，飘出一支歌

蟋蟀吉铃。拉着小提琴。一间树皮的小屋。

显然，这是一个童话。

童话当然得讲故事。这个童话讲了个什么故事呢？

秋天的黄昏，雨中，蟋蟀吉铃坚持着为女孩演奏。女孩为吉铃做了个树皮小屋，吉铃有了一个家，蚂蚱、萤火虫也快乐地飞来了。可是，女孩病了。小昆虫们飞来给她喝水、为她演奏，女孩的病好了。冬天来了，雪花覆盖了树皮小屋，女孩一直给树皮小屋哼一支歌。又是春天，树皮小屋里走出了一支小小的队伍……

故事并不离奇，也不见波折，看着这样的概括，甚至让人有那么点儿沮丧。可是，正如朱自强先生所说，越是优秀的作品越不适宜概括，一概括便索然无味。《窗下的树皮小屋》就是这样的作品。面对它，我们且收起"概括提炼"的神器，只去阅读，安静地阅读。

我以为，安静，是这个童话的独特气息，弥漫在作品的始终。

是葱绿的草丛泛黄的时候，

>是落叶在地上翻滚的时候,
>
>是秋雨和黄昏一同降临的时候,
>
>窗下,一片枯黄的落叶,流出了断断续续的音乐。

黄昏时分,草丛,落叶,秋雨,音乐,故事伊始,寥寥数语,作家用诗一般的语言,营造了一个安详、静美的意境,好似一部交响乐的序曲,孕伏了全曲的基调。故事就在这样的氛围中徐徐展开。小女孩出现了,她"白里透蓝的眼白,多像夏天晴朗的天空;黑里透亮的瞳仁,多像夏夜深远的星空"。这个单纯善良的小姑娘,用灵巧的手为吉铃做了个树皮小屋。这儿,成了小昆虫幸福的家。作家用抒情舒缓的语言,娓娓地讲述着一个并不曲折的故事。小小的昆虫,小小的树屋,可爱的女孩,动听的琴声,轻轻地哼唱,一切都是安静的,恍如梦境一般空灵、美好。读者沉浸其中,内心也变得沉静。

作为给孩子阅读的童话,如果仅是止水,显然缺乏阅读的吸引力。那么,"安静"的《窗下的树皮小屋》还藏着什么秘密呢?

1995年,作者冰波先生曾与评论家孙建江先生有过一次对谈,请允许我摘抄其中的片段:

>孙建江:……儿童自身"运动"的天性,决定了儿童读者对于作品"运动"特质的需求。"运动"又分为"外部运动"和"内部运动"。你作品中的"运动"显然较多地偏重于后者。是这样吗?
>
>冰 波:……在我的所有作品中,运用得较多的,是一些"静态"的动,比如精心地处理作品中的心理活动、情绪的变化等等。

"静态的动",正是《窗下的树皮小屋》吸引孩子的重要原因。

尽管故事本身并不具有很大的波折,但作家在叙述时,注意了悬念的设置,画家则紧密结合文字,创造出图画书特有的翻页的满足。故事拉开序幕,清冷的秋雨中,蟋蟀吉铃在为谁演奏?温暖的树皮小屋里,吉铃盼望着女孩出现在窗口,听他的演奏。可是女孩呢?漫天的雪花落下,小昆虫们的命运将如何?女孩对着树皮小屋,一直哼着无词的歌,树皮小屋听到了吗?就这样,一路阅读,内心一路起起落落。这起起落落的实质,是对人物(小动物)命运的关注。这样的关注,实现了读者阅读作品时"静"与"动"的融合。

更进一步,读者"静态的动"的阅读时,随着人物(小动物)的举止行动,随着画面的依次展开,心中的感动也悄悄生长。吉铃为风雨中的女孩演奏,女孩为吉铃建了一个家。互相的疼爱如丝丝暖流,让读者的心为之温暖。女孩病了,智慧的小昆虫们用树叶水桶为女孩送来雨水,女孩的"笑脸像五月的天空一样晴朗",读者的内心自然也是舒展明媚。冬天到了,小昆虫们面临死亡的威胁,读者为之担忧。第二年春天,树皮小屋里走出一支小小的队伍。结尾出人意料,惊喜神秘,温馨动人。儿童阅读这样的作品,想起自己与小虫小花的对话,想起自己对小花小虫的呵护,常会移情其中,置身画面,内心深处涌起一片温情。

冰波先生是童话名家,被誉为抒情童话的代表性人物,在中国童话界占有重要地位。"读冰波的作品,审美层次的提高和感情的净化是同步的,冰波童话的高品位,同时表现在美的情感和美的表达上。"(金燕玉《中国童话史》)儿童文学作家、理论家班马先生认为,冰波的童话对于儿童情感世界具有一种"纠偏"的文学意义。他说,"冰波的意义,就在于有一位作家以他的艺术心灵和童话美感来滋润着童话世界及读者，呈现着一种童话梦境，引导着一种精致的感觉系统，以至于影响着儿童读者的感觉系统的审美敏锐性和美感的丰富性"。（班马《冰波的意义》）

《窗下的树皮小屋》创作于1984年，是冰波的早期代表作，其清丽淡雅的语言，细腻的情感，浓郁的抒情意味，获得了广泛赞誉。然而，我注意到，在将作品改编为图画书时，作家进行了一定程度的改动。我仔细比较了文字版和图画书版的文字，发现冰波先生的改动很用心，一方面使得故事更紧凑、语言更简洁，更重要的，这种改动是图画书自身特点的要求。图画书中，画面与文字同时在叙事，于是，作家将一部分具体的描述删去，以留给画面丰富的表现空间，获得文字与画面的互动。譬如，原文写女孩循着琴声寻找到吉铃时，有这样的描写："在枯叶下避雨的吉铃，油亮的黑袍上，沾满了细细的水珠。他的细长的触须无力地低垂着，不再像往日那样神气地扫动。他的身子也在微微颤抖。这一切，是因为冷吗？"再如，原文有对树皮小屋的描写："屋顶，是用长着青苔的松树皮做的；墙壁，是用细细的柳枝编的；门，也是用细细的柳枝编的；两个窗子，是用两片树叶做成的。"显然，在图画书里，画面语言已经完成了这样的功能。

最后，必须提及这本图画书的画面。朋鸟三告是位优秀的新锐插画家，他的笔触细腻，色调雅致，有一种下午茶般的悠然，又有秋叶飘落的静美，弥散着抒情诗般的气息，与童话的整体氛围十分协调、吻合。全书以黄色为主色调，表明这主要是一个秋日的童话，同时带给人祥和、温暖与明媚。即便在一片灰白的冬天，那个蹲在树皮小屋前的女孩仍旧是一抹淡黄，吸引着读者的视线，给人带来希望的光亮。用心翻阅，常能遇见画者的巧妙隐喻。无论是秋天的风雨里，还是春天的丽日下，那洁白、蓬松的蒲公英总在绽放，就像一个个小太阳，照耀着人们的心房。

窗下的树皮小屋，总有一支歌在飘出，那是吉铃和伙伴的深情演奏，那是秋雨在屋顶的叮咚鼓点，那是女孩的无词哼唱，那也是读者的情感共鸣、内心起歌。

2015 年 7 月

亲历一个伟大时刻

浩瀚夜空中，有一个晶莹的星球，它皎洁、神秘、美丽，引发多少人的好奇、想象与向往。从古老的神话到不朽的诗篇，无不抒发着人们对它的无限遐思。

它就是月亮。古今中外，人们都在探究它，接近它，努力揭开它的神秘面纱。

1969年7月16日，三名航天员乘坐"阿波罗11号"宇宙飞船以每小时4万千米的速度奔向月球。三天后，阿姆斯特朗和阿尔德林离开指挥舱，驾驶登月舱成功登上了月球。人类终于实现了与月球亲密接触的愿望。这个时刻，被永远定格。

《登月之旅》（法，佩内洛普·罗森文/图）描绘的正是这次登月的经过。航天员尼尔、巴兹和迈克尔担任了这一神圣使命。绘本以清晰简洁的语言，叙述了三人的登月之旅：进入驾驶舱、火箭发射、飞向太空、绕地球飞行、飞向月球、进入登月舱、走出登月舱、登上月球、收集月球表面岩石、回到驾驶舱、落在海面上。与之相随的，还有一些相关的航天知识，比如火箭的主要结构与功能、登月前后对火箭的操作，等等。

翻完一本薄薄的图画书，那神奇、复杂的登月之旅竟变得如此了然，不由钦佩作者化繁为简、善择要旨的功力。登月是载入史册的大事件，作者的文字却是冷静、节制的，这保证了科普图画书所需要的客观。《登月之旅》传递给读者的，正是清晰、准确的信息，没有丝毫冗余的内容或者矫情的文字。这样的追求在画面设计上同样体现出来了。画面的主色调以蓝、白两色为主，展现航天员的沉着，间有红色、黄色、灰色营造出茫茫的太空，主体在背景的衬托下显得十分突出。其他小细节的用色也很有心，譬如三名航天员的区分，即通过圆衣领、袖口的不同颜色表示。几个画面对登月过程中相关操作的描绘与文字相配合，使得读者很容易领会。尤其几幅跨页画面，给人强烈的视觉冲击，让人难忘。

　　那么，地球上人们的激动、紧张、期待、欢呼呢？航天员的沉着、兴奋呢？这些都在读者的想象里，是读者的再创作。因为，绘本是在作者和读者的互动中共同完成的。重温这一人类历史上具有划时代意义的伟大壮举，每一个读者都是亲历者。"这是个人的一小步，却是人类的一大步。"作品中的这句话，正是出自第一个踏上月球表面的美国航天员阿姆斯特朗之口，响彻全世界，震撼了无数人的心。

　　作品的前后环衬页显然是精心设计的，星空中的皎洁圆月年复一年照耀着，对未知的探究欲促使人类终于实现了夙愿。而后环衬页上那起伏不定的海面象征着人类心中永远洋溢着的对未知的好奇与思索，人类探索的步伐永远不会停歇。

2015 年 12 月

快乐王子的忧和伤

在世界童话之林中有两个著名的王子,其一是法国作家圣埃克絮佩里笔下的来自 B612 号小行星的小王子,另一个便是英国作家奥斯卡·王尔德笔下的快乐王子。

一个多世纪过去了,无以计数的读者被快乐王子的高贵博爱、至美至善深深打动,内心里愿如那只离群的燕子一般,与王子久久相伴。

快乐王子曾经是快乐的,当年他住在无忧宫里,那儿没有悲伤,"不许悲哀进去的","不知道什么是眼泪","身边的每样事物都那么美好",有人甚至说"快乐王子连做梦也没想过哭着要东西"。可是,等到他死后被高高地立在城市的上空时,他的快乐不复存在。他变了,变得忧伤、痛苦,"眼里噙满了泪水,眼泪顺着他金色的脸颊流了下来",甚至开始怀疑快乐的意义。这样的改变是因为"看见"。他由悲哀无法进去的无忧宫来到这城市的高空,俯瞰城市的一切,日复一日,目睹着种种丑恶和凄惨,内心受到极大的震撼。他渐渐明白,往日的快乐不过是一己之乐的"寻欢作乐"罢了。于是,他毫无保留地把自己献了出去,由周身璀璨到最后丑陋不堪。但是,有谁能否认他的美。

那只离队的燕子也在改变。贪恋与芦苇谈情而落在后面的燕子偶然来到了快乐王子身边。他原先仅仅是个过客,快乐王子只是个驿站。他明白,朋友们正在远方等着自己,"明天他们就要飞往第二瀑布了。在那儿河马躺卧在香蒲之中,门农神坐在大花岗岩宝座上。他整晚守望着星星,当晨星开始闪烁,他会发出一声欢呼,然后就沉默了。中午,黄狮来到河边喝水。它们有绿柱石一般的眼睛,吼叫起来比瀑布的轰鸣声更响。"可是,他禁不住快乐王子一次次的请求,一次次地留了下来,帮助快乐王子把快乐一次次送到需要的人手中。冬天来临,快乐王子已一无所有,燕子却义无反顾地决定永远陪伴他。这个驿站终于成了燕子长眠的地方。这是快乐王子的力量,这是眼泪的力量,这是博大爱心的力量,这是真正的快乐的力量。

那些受到帮助的贫苦人也在改变。他们不知这突然的资助来自何方,但是感受到了神秘的关切,焕发出对生活、对自己的信心,有了活下去的希望。贫妇的病孩进入了甜甜的梦乡;饥寒交迫的年轻人获得了继续写作的热情;卖火柴的小女孩笑着跑回了家;孩子们的脸变得红润,他们在大街上笑啊,玩啊。他们变得快乐了,这是来自快乐王子的馈赠。

唯一不变的是城市的官员。他们自始至终追求的都是自己的虚荣,他们对贫民的悲惨熟视无睹,正是他们令快乐王子心碎。他们还妄想取代快乐王子,高高地立在城市中,永远被人民称颂,真是恬不知耻。

好在,真爱与美好,终于在上帝那儿得到了永恒。这多少给了我们一点慰藉。

用画面重述这个唯美而隽永的童话,难度极大。画家李莹以灰、黑为主色调，把握了故事哀伤的基调，也将浓郁的情感融入其中。在这一片沉重、压抑之中，快乐王子是一抹亮色，他纯洁、闪耀，他辉映着燕子，辉映着童话里苦难中的人，也辉映着读者。

2016 年 8 月

故事长生不老

必须承认,我首先是被这个书名所吸引。那次的颁奖会现场,当主持人宣布,汤素兰以书稿《点点虫虫飞》获得一等奖时,我的心中立刻充满好奇与向往,那首古老的童谣在远方若有若无地响起。凭直觉,我猜测,这些故事里,应该吹着田野的风,应该爬着不知名的虫,还应该有一条日夜流淌的小河。想到这儿,我笑了,这不是我小时候一直去的外婆家么?

当这些故事安静地躺在我的面前时,阅读的期待其实已经蓄势已久。一篇篇阅读,感受着情节与情趣的同时,我几乎也捕捉到了其间的意味和意蕴。

汤素兰的这组作品很多时候藏着一个古典情结。

她的故事发生在哪儿呢?森林,田野,农庄,山谷,郊外,池塘,海底……有一种久违的格林和安徒生的味道,还有一种南方雨季的气息。这些地方曾经孕育了我们很多的童年,有童年的地方就有故事,有故事的地方就有幻想。当故事在这些地方展开时,我们的脑中其实已经有了十分辽阔的经验背景。

再看看故事的主人公,小狐狸,蟋蟀,雏菊,小鸡,小狗,小叶子，仙童，青蛙，毛毛虫，豆娘，小丑鱼……即便威力无边的龙，也仅是"小龙"。我相信这并非巧合。小的事物与儿童的弱小相仿，儿童阅读之，最能产生心理认同。故事的最后，弱小者多能以勇气和智慧获得成功，这帮助了儿童通过阅读获得心理成长。

不少主人公还有一个特点，都显得有点另类。那只小鸡坚持要一个名字，坚持要学习飞翔（《小鸡漂亮》）；小龙优优跟别的龙都不一样，爸爸妈妈摇头叹气（《爱跳舞的小龙》）。正是他们的"另类"，最后却成就了他们。我想，孩子们阅读这样的作品，有时是在其中找到自己的镜像，一颗柔弱的心因此得到很多力量。

作家的叙述更是充满了诗性。很多作品，她运用轻盈轻松的笔调，安静从容地展开着故事。即以首篇《小狐狸打猎记》为例：

> 这个故事发生在很久很久以前，大概是……去年冬天。
>
> 去年冬天，有一个人在城里住得太久了，想到乡下去住一段时间，他在森林边租了一间小木屋，打算在那里安静地读读书，听听音乐。
>
> 那天他刚在小屋住下，天空就下雪了。大朵大朵雪花漫天飞舞，为森林里高高矮矮的树和灌木丛披上一层厚厚的雪毯。森林里的小路也变成了白色的，和整个森林连成一片，仿佛消失了，再也找不到了。

这样的节奏，很有一种老祖母讲故事的感觉，后面有一篇干脆就叫《老祖母讲的故事》。随着这种节奏的描述，文字里的画面被一点一点铺开，悬念被一点一点勾起。她的悬念设置，绝不是刀光剑影，声嘶力竭，而是人物的命运起伏，因而，更能扣住读者的心。

这些作品之所以如此真切，如此打动人心，我以为是作家浸入了自己的生命体验。那些细腻绵密的描写已经泄了密，作家的童年一定是与泥土亲密亲昵的。确实，作家曾经说过："我要感谢曾经养育过我的那个小小的山村，感谢那些田野的泥土，那些山上并不高大茂密的树林，我的一切都是它们赋予的。"

如此说来，作家的这些写作，仅仅是向自己的童年致敬？或者说，只是自己童年的幻想式回忆录？

绝不是！

还是请看首篇《小狐狸打猎记》。

> 樵夫离开森林，是因为他在城里找到了一份比伐木和采草药更挣钱的工作。他的妻子和三个孩子也嫌森林小屋太寂寞了。他们喜欢城里宽阔的街道，闪烁的霓虹灯，他们喜欢熙熙攘攘的城市和摩肩接踵的人群。
>
> 他们喜欢住在城里，喜欢当城里人。
>
> 越来越多的人喜欢住在城里，喜欢当城里人。慢慢地，再也没有人愿意当樵夫了。小木屋从此空了下来。

我以为，作家以此开篇，定有深意。看到此处，我的心里微微一颤。现代社会，科技发展日新月异，越来越多的人疏离了田野，疏离了自然，作为"自然之子"的人类，甚至开始了对大自然的无情屠戮。当下的孩子已经不会仰望星空，没有机会倾听虫鸣。有个美国人写了本《林间最后的小孩——拯救自然缺失症儿童》，大声疾呼让儿童回归大自然。开篇读到那段文字，犹如当头棒喝，令人沉思。随后，作家用文字为当下的孩子建构了一个田园的世界，唤起他们内心的向往和想象。《爱跳舞的小龙》里，优优龙总被嘲笑，"他不会喷火，不会喷水，不会呼风，也不会唤雨，不会吐雾，更不会像打雷一样咆哮"。但是，最后，他却被公认为最具有威力的龙。因为，他倾听大自然中的一切律动，用身体模仿。作品中，有几句话非常耐人寻味："在表现这一切的时候，他的身体里充满了力量，他的眼睛变得特别明亮，他的心变得无限广阔"，"我这个本领是向蜜蜂、蝴蝶、仙鹤、孔雀、树林、泉水……好多好多东西学习来的"……大自然是我们的生命之源，精神之源呵！

《流浪森林》是个微型童话，不足700字，却揭示了一个沉重沉痛的事实。妮妮戴着鹿王面具，吹响魔笛，带着一整片森林出发了。"这是一片流浪的森林，至今还没有找到一个新家。"

作家在用文学形象，用感情和故事，向我们，向孩子发出了走向自然，走向生命源泉的邀请。

作家的这种生命体验，既有童年的，也有理性认识的，更有当下生活的。她在一篇文章中写道："2005年春节……从城里搬到乡下，从那天开始，清晨，我的耳朵里满是鸟声，夜晚，我的书房里回荡着虫鸣，坐在书桌前便可以看日升日落、数天上繁星。我想我要写点什么，为这些虫鸣、这些鸟声、这些繁星。"（《奇迹花园、皮皮公主及其他》）那几个幻想故事（《我逃出了"千人一面"国》《一朵开心的大笑》《白雪仙童》），几乎可以看作作家本人生活片段的夸张式纪实。

阅读汤素兰的这一组作品，还让我不断地想起一些经典作品。这个"让我想起"当然不是指作品的模仿，而是说作品在某些气息、氛围、意象上与经典的呼应，从而给予拥有一定阅读经验的读者以更大的想象空间。譬如，《小狐狸打猎记》让我不由想起安房直子笔下的小狐狸，也是那般可爱，天真。不同的是，汤素兰笔下的小狐狸，命运要曲折惊险得多。《蟋蟀和雏菊》则让我想起了新美南吉的《去年的树》，一样的简洁干净，同样讲述着消失与永恒。还有《落叶之歌》让我想起《一片叶子落下来》，《成为鱼尾狮》让我想起图画书《小黑鱼》。

好作品就是这样，不断引发读者的联想，想起曾经的阅读，想起自己的人生。因此，有人说，读书其实就是读自己。

　　需要特别指出的是，汤素兰的有些作品尽管也让人想起某些作品，但在价值观上却是对峙的，其中尤以《小鸡漂亮》最为突出。作品中，小鸡漂亮不顾大家嘲笑，坚持学习飞翔。二十世纪五十年代曾经有一篇很有影响的童话《一只想飞的猫》。作品中的猫非常希望自己会飞，被大家嘲笑。最后，他急躁地从树顶上学着往下飞，结果摔得"四脚朝天，好久爬不起来"。作家嘲讽了小猫的淘气、任性、自大、懒惰、好虚荣。汤素兰在作品中却是将另类的小鸡作为正面形象加以肯定，在面临狐狸的威胁时，是小鸡漂亮凭借飞翔本领挽救了大家。最后，大家都向飞行教练小鸡漂亮学习飞翔。两个作品的差异，本质是时代造成的儿童观的差异。对于儿童的这种异想天开、大胆尝试，汤素兰的姿态绝对是含着笑意的赞赏与鼓励。

　　我读过汤素兰写的很多故事。我喜欢读汤素兰写的故事。我读着汤素兰写的故事常常会想起很多很多。

　　《老祖母讲的故事》最后说，"故事也是长生不老的"。

　　故事，长生不老。

2014 年 12 月

童话：童年的秘密花园

草坪上宝物与精灵总在欢舞，树枝落满了白色的鹦鹉，明净的海水就像最蓝的矢车菊的花瓣，金黄金黄的雪花从空中纷纷撒落，王子与公主正在林间深情牵手……

人们说，这便是"童话"，总是诞生在"那里"的童话。

在我国，"童话"一词，是先由日本传入的，首次出现于1908年商务印书馆出版的孙毓修主编的《童话》丛书。但对何谓童话，依然众说纷纭。日本学者上笙一郎在《儿童文学引论》一书中这样定义："所谓童话，是指将现实生活逻辑中绝对不可能有的事情，依照'幻想逻辑'，用散文形式写成的故事。"

是否从很久很久以前开始

"我一直都想寻找第一个写童话的人，他是哪一个年代的，在哪一个国家……这真是一个多么重要的创造，从此，任何的念头和故事，只要站立到'童话'的旗帜下，就可以飞扬和有趣，任何东西也能动弹和说话，于是就绝顶的新奇或是绝顶的美丽。"（梅子涵

《童话太阳》）

童话的身世真是一个动人之谜。大多数人认为它跟神话有着亲缘，两者异体同源甚或同生共体。确实，古代虽无童话之名却有童话存在，狼外婆、田螺姑娘、蛇郎等为孩子们津津乐道。魔法、宝物、妖怪、神仙，无不透射出古老神话的身影。这些便是世代相传的民间童话。

然而，童话更是年轻的。

上笙一郎说过："儿童文学这种为儿童的文学，只能产生于有着承认儿童作为一个完全的人的资格并保障他们作为人的诸项权利的儿童观的社会。"在一个"父为子纲"的社会，在儿童没有获得独立存在的时代，童话只能是一丛石缝里自生自灭的野花。当格林兄弟、安徒生、王尔德们业已用他们充满魔力的故事抚慰着童年的时候，五四新文化运动的兴起，终于让中国人逐渐明白，原来儿童并非"缩微的成人"，"自有独立的意义与价值"，于是开始高呼"以孩子为本位"，承认儿童权利、儿童人格，尊重儿童利益、儿童特点。至此，童话的自觉（文学童话）终于姗姗来到。儿童，终于获得了自己的文学地盘。在这一思想的启蒙中，我们要记住一个名字：周作人，"中国儿童文学的普罗米修斯"（朱自强）。

然而，在我国，童话的命运仍是起落浮沉，历经坎坷。20世纪50年代始，"儿童文学是教育的工具"成为主流理论话语，童话不幸沦为成人意旨的图解，童话的阅读只是为了得到一个教训，童年的纯然天性被粗暴地遮蔽与修剪。更为不幸的是，这一流风至今尚能不时相遇。《小猫钓鱼》《小猫种鱼》《美丽的公鸡》《小松树和大松树》……它们，蒙住了童话原本秀丽的双眼。

童话是"为儿童的"，童话境遇的实质是童年的现实境遇。只有当童话真正为我们小心呵护、用心欣赏、真心尊重之时，儿童才有了希望!

童年的秘密花园

"从前,在一个深深的山谷里,有一个老头儿……"相信很多成年人都会被这样的句式深深打动,心间的乡愁顷刻汹涌。如果说,童话之于成人更多的是一种怀想,一种追思,一种对单纯世界的渴求,那么,就儿童而言,童话本就是他们游戏其间的一个秘密花园。

20世纪30年代初,因为当时的小学国语课本选用了不少童话、寓言,一些人对这些"草木思想""猫狗说话"的作品价值产生了怀疑,由此引发了一场针锋相对的"鸟言兽语"之辩。最有趣的是叶圣陶,1936年,他写成一篇《"鸟言兽语"》,以麻雀向松鼠报告新闻的形式,完成了一次"童话回击":

> 昨天我飞出去玩,飞到那个教育家屋檐前,看见他正在低头写文章。看他的题目,中间有"鸟言兽语"几个字,我就注意了。他怎么说起咱们的事情呢?不由得看下去,原来他在议论人类的小学教科书。他说一般小学教科书往往记载"鸟言兽语",让小学生跟鸟兽为伴,这怎么行!他又说许多教育家都认为这是人类的堕落。小学生净念"鸟言兽语",一定弄得思想不清楚,行为不正当,跟鸟兽没有分别。最后他说小学教科书一定要完全排斥"鸟言兽语",人类的教育才有转向光明的希望。

那些"教育家"不知道,童年是不同于成人的生命状态,儿童是独特文化的拥有者。当成年人以理性至上的眼光打量世界的时候，映现在儿童眼睛里的这个世界却是另一番模样。月亮会和他们捉迷藏，星星会调皮地眨眼睛，花花草草会点头致意，小猫小狗是自己最亲昵的朋友。在孩子眼里，万物皆有灵，儿童是想象与幻想的天使。

再看童话。尽管有学者对"幻想是童话的根本特征"提出异议，指出"非生活本身形式"才是童话的特殊所在。撇开其间的学理之争，我们发现，二者其实都着眼于童话的非写实性。在一个现实的世界之外，童话又给了我们一个艺术的世界。假话国历险，大人国、小人国奇遇，哭鼻子比赛，一切可爱又可信。

童年状态正是童话状态，儿童的生命世界与童话世界同构对应。"童话是由孩子们的需要而产生的。最初的创造者是孩子。"（严文井）"童话之所以为儿童所喜爱，是因为它合规律合目的地暗合了儿童与生俱来的集体无意识。"（刘晓东）于是，童年与童话奇妙地相遇，一见钟情，彼此"驯养"。儿童在童话神秘空灵的"纸上游戏"中获得梦想的实现、精神的狂欢。童年与童话相拥前行，相互滋养，互为资源。儿童在童话中，既以智慧、更以心灵获得了对世界的体认。

童话中的雨天也是晴朗的。拥有童话的童年养成了童话气质，造就了童话精神，并将伴随人的一生，这就是人类的幼态持续性。

等待王子的一个吻

童话在哪里？
每个家里有一个。
在桌子的木头里，
在杯子里，

在玫瑰花里。
童话躲在里面,
很久了,
不说话。
她是一个睡美人,
需要将她唤醒。
如果没有一个王子,
或是一个诗人把她亲吻,
有个孩子将会
白白等待她的童话。
——贾尼·罗大里《睡美人》

睡美人在等待王子的一个吻,童话也需要这样被吻醒。

1. 精心布置物理环境

儿童当然渴盼有一个童话之境可以徜徉,物理环境诱发着他们想象之翅的振飞。苏联教育家苏霍姆林斯基就在他们的"快乐学校"精心装备了"童话室",以使室内的一切都能使儿童回忆起当他们很小时母亲讲过的童话,回忆起黄昏和壁炉中欢快跳动的火苗。

2. 伴读人要有童话之心

更为重要的,当以"重要他人"的身份同儿童一起阅读童话时,我们是否还有那份童心?我们当然已经拥有了成人的理性思维,因此更应小心呵护儿童的童话之心。

苏霍姆林斯基曾经讲述过女儿奥利娅的故事:老师讲完白云和风的童话,告诉孩子们,这样的事是没有的,云不会像童话里说的那样有翅膀,风也不会抚爱白云,早晨的雾是灰色的,令人讨厌……孩子眼里的火花消失了，奥利娅哭了起来。苏霍姆林斯基认为，童话好比一面魔镜，教师这样做无疑剥夺了孩子观察这面魔镜所反映出来的世界的幸福。

安徒生文学奖获得者、苏联儿童文学作家和教育家谢尔盖·米哈尔科夫在其散文名著《一切从童年开始》中，描述了这样一件事：一个叫维加的5岁小男孩用树枝在街心公园的地上画了一个圈，自己站在中间。原来，他班上的保育员说，"有学问的猫"和从海底钻到岸上来的"漂流的勇士"世界上是没有的；他们读过的故事都是编出来的，不是真的。这让他很失望，于是把大家画在圈外，自己把这个圈当作魔圈。他用自己的方法捍卫着儿童对美好事物的幻想。

3. 努力还童话以本来的模样

童话的阅读教学是儿童在课堂的一次审美历程，但当前的不少课堂却遮蔽了童话的这一特性，工具主义让童话成了晾干的标本。最主要的，我以为存在这样几方面的问题：

（1）道德教化。童话成了道德教育的载体。教学《卖火柴的小女孩》，必提"黑暗的剥削社会的残酷"；教学《小马过河》，最后所强调乃至留给学生的即是那个"道理"。每学习一个童话都要进行一番自我的道德检视。

（2）训练倾向。忽视童话文本的特点，将之等同于一般文体，进行所谓工具性的字词句训练。童话的教学当然应该包含着语文素养的提升目标，但这一目标的实现应该与童话情趣的体验同构共生，而不该沦为单纯的技能操练。

（3）知识灌输。教学《小蝌蚪找妈妈》，过分注重其间蝌蚪变成青蛙的"科学知识"的分析获得，对字里行间的情感体验关注不够。

当童话推开教室门，我们一定要努力保护其本来的模样，一定仍然把它叫作"童话"。早在1983年，湖南滕昭蓉老师"童话引路"教学实验就引起了广泛关注。几乎同时，李吉林老师表现出的童话文体教学意识在小语界颇具先锋启蒙意味，她明确提出了"通过形象，感受童话的美和趣；通过想象，进入童话世界；通过系列训练，全面提高能力"的童话情境教学策略。

4. 正确解读儿童逻辑与童话逻辑

童话的被吻醒取决于对儿童与童话的双重认识。

儿童天性倾向于对故事的享受，阅读大多停留在具体的故事情节与语词的表面了解，尚不能洞悉故事中的丰富意味与深刻内涵。因此，我们首先应该让他们充分地感受故事，理清情节。尤其低中年级，应该尽可能多地利用类戏剧表演的形式，帮助学生完成对童话角色的体验。

典型的童话形象常令儿童不能忘怀，在感受故事的基础上，可以引导他们体验童话形象的感情。妖精、女巫、宝物、长不大的小飞侠……永远是儿童的话题。

童话通过变形、魔幻、拟人、荒诞、夸张、时空错位等方法，营造了一个瑰丽、诡异的世界，对于高年级学生，可以做一些童话形式的赏析。

不同的童话，应该有相应的阅读方式。民间童话具有口语性、变异性特点，欣赏的最佳方式是讲述而不是朗读。文学童话则具有鲜明的诗性特质，宜于描述与诵读。可以想见，《丑小鸭》开篇的那段乡村风光，将在声音的抑扬顿挫中获得怎样的情感再现。

说到童话的解读，我以为把握童话是"童"话最为关键。著名的《灰姑娘》，分别有人从宗教意识、女性意识等角度出发解读，前些年德国学者维蕾娜·卡斯特则从成功人生的角度读出了灰姑娘故事中蕴含的人生获取成功的因素，都有某种合理性。但是，当我们以教师这一职业身份面对这一文本时,恐怕更多的应该是体悟其间的基本规定性,获得美与善的启迪。

这方面,我国儿童文学界对《卖火柴的小女孩》的解读变迁也是一个意味深长的样本。

"安徒生是一个资产阶级作家","他的作品可以帮助人们认识十九世纪北欧封建社会的阶级矛盾"。《卖火柴的小女孩》"这个童话真实地反映了旧世界的生活"。

——贺宜(童话作家、童话理论家,1979年)

"小姑娘幻觉的美好与她现实生活中的不幸的强烈对比,道出了她所属的劳苦阶级只能在幻想中暂时摆脱一下苦难现实的可悲处境。这不仅是作品中的现实与幻觉的对立,而且也是安徒生的理想与现实的对立。他无法找到实际消除这对立的道路,只能寄希望于幻想。""安徒生看不到无产阶级的力量也是局限性的表现。"

——浦漫汀(儿童文学理论家,1984年)

"他坚信'那些辛酸、悲凉的日子本身也带有幸福的萌芽',他坚信'辛酸与痛苦在消失,留下的是一片美景'。""卖火柴的小女孩手中的那一根根火柴,点燃的不仅是孩子的梦幻,更是希望与理想。这冬夜闪烁的火花,引领孩子走出苦难,步入理想境界。"

——金波(诗人、儿童文学作家,2005年)

所以,儿童逻辑、童话逻辑,是接近童话的密码。

2010年1月

说给大家听听

十多年前,我幸运地成为较早的一批儿童阅读实践者。我与自己任教班级的孩子们共同阅读,我在自己所任职的学校里大力推动阅读。再后来,一次次公开课上,我开始用那些经典的儿童文学作品代替教材里的课文来教学。"始生之物,其形必丑。"尽管这样的努力赢得了学生们的欢迎,然而,对于儿童阅读,我面临着越来越多的困惑。除了自己用心地实践与思考,我迫切希望学习别人的经验,了解已有的研究成果。当时,我们对这一领域的关注刚刚开始,无论理论还是实践,几近荒芜。红泥巴网的阿甲先生是儿童阅读领域的先行者,他视野开阔,信息灵通,说英国有位叫艾登·钱伯斯的作家,著有两本儿童阅读指导书《打造儿童阅读环境》《说来听听:儿童、阅读与讨论》,影响很大。在大伙儿的怂恿下,阿甲起了兴致,竟动手翻译了两本书中的若干章节,贴在了论坛里。我如获至宝,一一复制保存下来,仔细阅读,很受启发,心里盼望着能有机会看到这两本书的全貌。

不久,我去扬州参加一个活动,徐冬梅老师告诉说,这两本书在台湾已有译本,她托人复印了《说来听听:儿童、阅读与讨论》。

我羡慕不已，央她借我看看。当然，这一借就占为了己有。

坦率地说，当时《说来听听》中首先吸引我的，是那些操作性很强的与儿童讨论一本书的技术。

在与学生共同阅读时，我常常困扰于如何同他们更有效地交流、讨论，有时不自觉地就变成了上"语文课"。这本书的第十三章专门介绍了"说来听听"的问题构架，从"基本问题"、"概括性问题"、"特定问题"三个层面列举了诸多非常富于操作性的问题设计，有些问题简直让人叫绝。比如："你觉得这个故事从头到尾得花多少时间？""故事有没有什么情节实际发展需要很长时间，书里却三言两语就说清楚了？有没有正好相反的，只是弹指间的事，却用了很多篇幅来描述？"我边读边感慨，自己怎么就想不出这样有意思的问题呢？

我将诸如此类的问题活用到与学生的阅读讨论中。我欣喜地发现，学生们对这些问题都表现出很强的兴趣，参与的积极性很高。借助这样的问题讨论与分享，无论教师还是学生，对所读之书都有了进一步的理解，实现了作者所说的"阅读并不只是浮光掠影地扫过一排排文字，比起兴之所至的随口闲聊，阅读应当是一种更有生产力、更有价值的心智活动"。

学习、运用得多了，就不免会思考，这样的问题为什么会引发学生的积极回应？这样的问题为什么会有助于阅读者对书籍的深入认识？回过头仔细分析，似乎领悟了一点"说来听听"问题构架的内在肌理。因为"'讨论'在阅读过程中确实扮演着核心角色"，这些问题好比帮助儿童与书籍互相走近的桥梁和纽带，因而要从儿童与书籍两个维度加以考虑，也就是既要能有效激发儿童主动参与，又要有助于儿童对阅读意义的获得，探得作家设置的文本密码。可见，作者深谙儿童心理，了解作品创作规律，同时具有带领儿童阅读的实际操作经验。

至此，终于有点理解"说来听听"的涵义。"说来听听"昭示着一种成人与儿童在阅读活动中的关系。作者强调要充分信任儿童的阅读能力，"儿童具有天赋的评论能力"，"儿童就是评论家"。在建构意义的过程中，成人与儿童是平等而友好的，儿童与儿童之间是互相尊重的。大家以书为媒，通过无压迫感的"说来听听"，亲近书本，彼此分享，在活泼中深入，从而提升各自的心智。说得形象点，这其实是一场有一定方向设计的阅读沙龙。

书中有一句话很朴素，但是打动了我："说来听听"就是"真心想得知读者的体验，包括读者希望说出来的一切，不管是对一本书的想法、感觉、回忆还是好恶"（着重号为引者加）。"真心"二字正是触及到了阅读讨论活动的根本。反思我们自己，很多时候其实是带着已有的"先见"与儿童开始讨论的。我们对自己的"先见"确信无疑，我们所希望的，是讨论活动直接快捷地逼近那个"先见"，我们的提问，不过是一种带有暗示性质的"诱惑"。一旦儿童有明显无关于达成"先见"的言说，我们即便不至于不悦，也会有意地无视。在这种环境里，儿童的本质仅仅是个道具而已。艾登·钱伯斯的话让我们警醒："阅读讨论中的只言片语都弥足珍贵，插科打诨也是。这些笑料有时往往出人意料地将我们带入问题的核心；别低估了笑话的作用。"

我以为，"说来听听"是一种方式，是一种策略，更是一种姿态，一种理念。

这本书成为广大教师、家长、图书馆员以及其他儿童阅读推广人士的案头工具书，当非偶然。

2015 年 12 月于南京

书 摘

"一点不错,"狐狸说,"对我来说,你还只是一个小男孩,就像其他千万个小男孩一样。我不需要你,你也同样用不着我。对你来说,我不过是一只狐狸,和其他千万只狐狸一样。但是,如果你驯养了我,我们就互相不可缺少了。对我来说,你就是世界上唯一的了。我对你来说,也是世界上唯一的了……"

选摘自［法］安东尼·德·圣埃克苏佩里著,程玮译《小王子》(广西师范大学出版社)第72页

我们称之为基本想象,是因为在这些想象里,积淀了各民族以至人类的基本精神传统,同时它们本身也成为后世的种种想象的原型与源泉。这样的想象及其背后的精神传统是需要通过一代又一代的阅读传递下去的,应该成为中小学的稳定的基本阅读教材,让孩子们从小就通过阅读将这些精神火种永远埋藏在心中,这对他们的生命成长将产生深远的影响。

选摘自钱理群著《语文教育门外谈》(广西师范大学出版社)第292页

当你是个孩子时,有一次好奇心将你变成一只美丽的小鸟,从此,你一生中都知道什么叫飞翔,只要你能始终保持童真。又有一次,好奇心将你送到爱丽丝风景胜地,你清楚地记得大白兔和疯狂的制帽人,他们好像就是你童年时最亲密的小伙伴儿。正是好奇心使你能用词来表达未知的声音,再把词连成句,赋句子以意义,并把这些意义与现实联系起来。

选摘自［挪威］让-罗尔·布约克沃尔德著,王毅、孙小鸿、李明生译《本能的缪斯》(上海人民出版社)第156页

儿童不是匆匆走向成人目标的赶路者，他们在走向成长的路途上总是要慢腾腾地四处游玩、闲逛，就像格林童话里的"小红帽"忘记妈妈"要好好地规规矩矩地走，不要跑到外面"的告诫，一定要"离开大路，到森林里去采花"。可以把"小红帽"的这一行为看作是儿童成长的象征。

选摘自朱自强著《儿童文学的本质》（少年儿童出版社）第80页

一些舞台上的表演者，虽然能够演唱一些具有"民族风格"的歌曲，但他们与"过去"的民间艺人的最大的区别，就是不能根据现实生活的情景和情感即兴创作那些发自内心的歌。……"过去"不但真正是过去了，更重要的是作为文化当事人原来在生活中拥有的创造能力、创造机会以及创造权利的失落。

选摘自萧梅著《田野的回声》（上海音乐学院出版社）第173页

语言奇异的力量，最初这一点不是从别处，也不是从诗歌和文学，而是从姥姥的那些数不尽的歌谣里给予我的惊异。它是初始的，因而有持久作用的力量。姥姥，您的那些歌谣给予我的语言的欢乐是无与伦比的。在童年那些漫长的夜晚，我和弟弟妹妹，总是在您的这些歌谣中慢慢进入梦境。而这些话语却无异于另一个梦境。

选摘自耿占春著《回忆和话语之乡》（广西师范大学出版社）第99页

梦想中的人穿过了人所有的年纪，从童年至老年，都没有衰老。这就是为什么在生命的暮年，当人们努力使童年的梦想再现时，会感到梦想的重叠。

选摘自［法］加斯东·巴什拉著，刘自强译《梦想的诗学》（生活·读书·新知三联书店）第127页

与西方语言相比较，汉语的人文性尤为突出。汉民族从不把语言仅

仅看作一个客观、静止、孤立、在形式上自足的对象。而把语言看作一个人参与其中、与人文环境互为观照、动态的、内容上自足的表达与阐释过程。正因为如此,在汉语的分析和理解中,人的主体意识有更多的积极参与。

  选摘自申小龙著《汉语与中国文化》(复旦大学出版社)第2页

  "语言是人类最后的家园"里的"最后",不是时间维度,是一种空间表述。它表明了语言是人最基本的生存状态,语言是人最可靠的依赖之所。犹如蜗牛背上背一个壳,壳就是蜗牛的居所,所以语言也是人背上的壳,是人的居所,而且,人走到哪里,这个家就搬到了哪里。

  选摘自钱冠连著《语言:人类最后的家园》(商务印书馆)第105页

朱煜 辑

吃包子只有一个理由
读《绿光芒》
《小学生朱自清读本》导读
读《叶圣陶语文教育论集》
奥数是谁的替死鬼
理解不了的诗情
"过去竟然是这样啊……"

朱 煜

中学高级教师。华东师范大学硕士研究生兼职导师。中国教育学会名师巡讲团特邀讲师。曾获全国小学语文教师素养大赛特等奖。出版专著《讲台上下的启蒙》《教书记》《赵清遥的作文故事》。主编出版《迷人的阅读》《语文新参考》(古诗文卷),编写出版《古诗全脑学习法》《小学生朱自清读本》等。

吃包子只有一个理由

手边的这本图画书叫《总有一个吃包子的理由》。中国有着悠远丰富的饮食文化,吃,是大人小孩都喜欢的话题。这样的书名很引人。作者是袁晓峰。以前知道她是名校长,是著名阅读推广人,但读她的作品还是第一次。

故事的主人公是一个叫毛毛的小男孩,他喜欢吃包子。放学回到家,急忙向妈妈提出,想吃包子。因为在回家的路上,毛毛经过包子铺,见到了里面热闹的景象。可是妈妈已经准备了蛋糕、海鲜,还说昨天刚吃过包子。毛毛忽然想起了外婆。妈妈说,周末去看外婆,请外婆蒸一锅梅干菜包子,今天就先吃一个冰激凌吧。或许在有些孩子眼中,冰激凌、蛋糕比包子诱人多了,能够一进家门就吃到这些是求之不得的事。可毛毛却是个特别的孩子,他开始跟妈妈"纠缠"——

先给我买个豆沙包,因为它和冰激凌一样是甜甜的。妈妈"不甘示弱":蛋糕也是甜甜的,还是吃蛋糕吧。毛毛继续说:"可是,我不喜欢吃烤的,包子是蒸出来的……"

妈妈真奇怪,好像偏要与毛毛作对似的:"馒头也是蒸出来的。

吃馒头吧？"毛毛"回击"："可是馒头没有馅儿呀……"

妈妈非常坚持，她说蛋糕已经买好了。毛毛也非常坚持，他说蛋糕可以放到明天早上吃。

毛毛很会坚持，他夸奖妈妈是最会讲故事的妈妈，还说昨天晚上包子爷爷在他的梦中讲了很多故事。这些故事真是离奇：灌汤包喝饮料，小倭瓜住在包子里，韭菜喜欢鸡蛋，肉包子打狗的结果……包子爷爷的故事当然都与包子有关。妈妈听着听着，忍不住说出了真心话："其实，我也喜欢吃包子……"就这样，毛毛和妈妈等不及周末去外婆家吃梅干菜包子，而是当天就去了包子铺，吃包子。

后来，毛毛长大去国外念书。回国探亲，外婆便会做包子给他吃。在国外，他竟然自己做很多包子请同学们吃。吃包子的理由只有一个——很好吃！

看文字，能了解一些信息。看图画，能了解另一些信息。把文字和图画合在一起看，又能看出别样的信息。这就是看图画书的妙处。画家用跨页的形式表现包子铺里热闹的场景。右边画厨房，几位厨师挤在一起，忙个不停。桌上满满当当地放着各色馅料。左边画店堂，顾客们或吃包子，或点单，或排队，或敬酒。画面上几处简单的文字："干杯"、"哇呜"、"好好吃"、"尝尝这个"成了极好的点缀，渲染出热气腾腾的气氛。当毛毛回到家里，向妈妈提出要吃包子时，画家也用跨页表现。妈妈在厨房里忙活的情景被放得很大，将右边的画面撑得很满，仿佛有一种压迫感。而毛毛则出现在左边的角落里。这样的设计好像在预示妈妈不会那么快答应毛毛的要求。在表现毛毛逐渐长大的情节时，画家还是用了跨页的形式，将毛毛成长过程中三个重要场景画成小图，放在一起，用白色背景衬托，颇有蒙太奇的感觉。更有意思的是，每个场景里有年龄不同的毛毛，还有相同的包子。

跨页用得好，单页也用得很妙。比如，当毛毛与妈妈争论时，画家在左边画母子俩争论的情景，右边则画了人物争论时的联想或者背景，使读者在阅读时不知不觉地扩展了遐想的空间。又如，当毛毛为了说服妈妈，讲述很多奇特故事时，画家连续用几张单页呈现，一下子加快了叙述节奏，为妈妈被说服做好了铺垫。

我特别留意了外婆这个次要人物。在书中，外婆出现了四次。第一次是外婆在做梅干菜包子，第二次是外婆年轻时为毛毛的妈妈做包子，第三次是毛毛出国留学，外婆抹泪送行。第四次出现在封底，外婆从菜场买了菜，乐滋滋地回家去。我想十有八九是回家去做包子吧。这四次出现，有作者的匠心在焉。毛毛为什么爱吃包子？因为妈妈爱吃。妈妈为什么爱吃包子？因为外婆爱吃。外婆为什么爱吃包子呢？大概是因为外婆的妈妈也爱吃吧。全书以外婆的形象收束，加上毛毛出国的情节，让读者由此感悟到家庭的温馨，故土的滋味。任你去国千万里，总有一种味道在呼唤你回家。外婆的形象隐喻了悠久的传统、温暖的民俗。这个故事好就好在没有一讲到妈妈带着毛毛去吃包子就结束，而是一直讲到毛毛在国外念书时请各种肤色的同学吃包子。此时，包子不仅仅是食物，更是家族亲情、传统文化、家国情怀的象征。

当然小朋友是读不出这些的，也不必读出来。他们只要笑着轻读毛毛与妈妈争论，只要笑着议论毛毛不吃冰激凌偏要吃包子，只要笑着想象肉包子与狗的故事结局，只要笑着猜测画家为什么把每个人物的脸型都画得像包子就好。如果有兴趣，可以邀请爸爸妈妈一起观赏这本书最后的"彩蛋"——做包子的流程。如果爸爸妈妈心灵手巧，来了兴致，备下材料，一通忙乎，蒸出一笼很好吃的包子。那就更好了！

2016 年 7 月 24 日

读《绿光芒》

一

有一天在《新民晚报》的副刊《夜光杯》上看到梅子涵教授的一篇文章《墙上》。写的是因为看到墙上的讣告而联想起几位曾经与作者有过或深或浅的交往的同事。文中提到一位李老师，因为经济拮据，每个月都向梅老师借钱，到下个月发了工资便还。后来为了准备高考，梅老师写了一篇作文请李老师指教。作者这样写：

……过了一天，他把作文递给我，仍旧是用借钱的轻声语气告诉我，写得很不错，应该可以得九十分的。

后来我考取了大学，毕业后和李老师在一个系，渐渐成为作家，渐渐有名，他好几次对我说："你出了很多书，啥时候送两本给我读读？"我答应了，可总是我带去了却没遇见他，遇见了，又忘记带，最后没有送成。直到看见墙上他离开的消息，我才批评自己。他给过我一个多么重要的分数，让我信心十足，我去考试时，心里想的就是，李老师说我可以得九十分！

　　我小时候常从父母的闲聊中得知一些像李老师这样每个月都需要借钱才能过日子的人。这些人有才华，却没有机会施展才华让自己过得体面一点。所以读到这篇，一下子就把我带进了回忆里。梅教授用极其克制的笔触，刻画了一个特殊年代中的本分拘谨的知识分子形象。没有铺陈，没有渲染，可是读者却感受到了文字背后丰沛的情感。

　　这是我第一次读梅教授的非儿童文学作品，印象极深。我还对一个朋友说，梅教授的散文比儿童文学作品好。在一个夏日的傍晚，一个偶然的机会，我与梅教授在一个漂亮的花园里共进晚餐。之前见到梅教授不是在会场上就是在教室里，讲课一结束，便会有许多同行、学员把他围起来，请求合影。那天，我依然没有请求与梅教授合影，我只是把说给朋友听的话再说了一遍。梅教授微笑了一下，没有说什么。后来才知道，梅教授那时正在创作《绿光芒》，《墙上》是其中的一篇。

　　《绿光芒》是一本特别的回忆录，也是一本美妙的散文集。在书中，梅教授将亲人师长，邻居同学，伙伴学生，同事领导们的故事娓娓道来。每篇都是两三千字，每篇都是用两个字做题目，故事虽然不同，却都充溢着温情。

　　梅教授的儿童文学作品的语言风格很独特，常用短句口语，有时还将上海方言妥帖地穿插其间，形成一种特殊的回旋的节奏感，让人觉得俏皮有趣。一读就知道是他的作品。这种语言风格在《绿光芒》里也有。有的依然俏皮，比如：

　　　　我想，为什么写三毛我的文笔是最合适的呢？我小时候看滑稽电影《三毛学生意》，文彬彬演的，笑得我像十三点一样，一想起就笑,一想起就笑,到现在还记得三毛师傅教他帮人家刮胡子:"不慌不忙,上前一刀!"

梅教授的这类文章很适合用上海话读,也适合用上海口音的普通话读。读着读着就要笑出声来。我是上海本地人,用上海话读给朋友们听过,他们说很有意思——人物形象更鲜明了,叙述也更有味道。前段时间听说在亲近母语的活动中主办方真的组织了一些教师朗读《绿光芒》中的作品,如果我在,一定会主动要求参演。

有意思的是这种语言节奏用在另一种内容上时,会形成完全不同的效果。比如作者写到姑父在"文革"中自杀时,有这样几句话:

> 我在小姑父的墓前坐了很久。山下是镜湖。镜湖的旁边有一个很大的石头笔筒,里面插着石笔,镜湖像个大砚台,小姑夫跳在砚台里。

作者那时应该是思绪万端,而读者跟着作者的笔端兜兜转转,慢慢进入到文字的背后,接着浮想联翩——生命、家庭、个人与国家的命运……

梅教授的文学语言风格是多样的,这让读者有了多元的阅读体验。书中有散文诗般的句子:

> 我坐在了我外婆的身边。这是在浩浩的长江边上。遍野的菜花金黄地散发着暖和,散发着乡下诗意,让我不需要有伤感。我只想快活地对外婆说:"外婆,你的这儿真好啊!"那暖和来自天上的照耀,诗意也是那么简单地从地上金黄地长出,怒放得意气风发。我的不认识字的外婆,就这么心满意足地躺在了诗的照耀里。

为儿童写作的作家是有赤子之心的，所以人生经历中的甜酸苦辣常会被敷上诗情敷上暖意，还有童话式的意象。我的朋友永通兄说，梅教授的文学性人生与现实性人生融合得几近完美。他的文字散发着热爱生命的温度，由近及远，温暖这个世界。

二

一个在一九四九年至一九七八年的中国生活过的有良知的中国作家，是不会回避那段岁月的。《绿光芒》中有一篇《扑通》，写的是十六岁的梅子涵怕别人来抄家的故事。为了避免意外，作者决定自己先把自己的家抄一回。一抄就抄出一大堆"坏书"。面对一大堆"坏书"，作者一次次地问妈妈：

"怎么办呢，这些书？"

妈妈没有说怎么办。

我想烧掉。可是到哪儿烧呢？如果被发现，会当"反革命"的。

如果晚上偷偷丢进垃圾桶，一把被抓住，还是"反革命"。

我想过撕，一张一张撕，然后丢进马桶里冲了，但是那么多书，怎么撕，怎么冲，在粪便池里不是还是会被发现吗？

是怎样严苛的政治环境让一个十六岁的少年惶惶不可终日到这样的地步。十六岁不应该是无忧无虑的花季年华吗？可是没有花，没有美，只有作者口中的"神经病"。在那个可怕的岁月里很多人都是"神经病"。冯骥才先生曾细致地描述过自己如何将手稿藏在自行车架子里，最后又极度不安地取出销毁的过程。我父亲曾提醒我，看过的书信如果不要了，要用火烧掉。那时，已经是上世纪八十年代了。《扑通》的最后，伯伯将祖父留给他的《红楼梦》转送给"我"。因为祖父留给父亲的《红楼梦》被"我"主动交给造反派了。这是一个耐人寻味的结尾。我读到这里，情不自禁地想是什么让伯伯有勇气留下了这套《红楼梦》？是什么让妈妈在那个时候保持着哪怕只是脸上的平静？

汪曾祺先生说文学应该有益于世道人心。《绿光芒》做到了。

在那个共进晚餐的漂亮花园里，花开得灿烂草绿得耀眼，我见到梅教授在一本精美的笔记本上专注地书写，我听到朋友们讲述发生在梅教授身上的优雅轶事。在人情日渐粗陋、语言日益粗鄙的时代，我们读到了《样子》。梅教授年轻时在奉贤当知青，回家探亲时会在中百公司对面的一个饭店吃饭。有一次他在饭店里遇到了一个戴贝雷帽的男人。

> 他吃饭时依旧戴着帽子，那时他点的清炖小白蹄刚刚端上来。他在小碟子里倒了一点酱油，就舒展双臂吃起来。他有四十多岁了吧？目光安定，可是神情里有很多的兴致。

这个情景给作者留下太深的印象。他继续写道：

> 这应当是我长大以后第一次看着一个人很有热望，可是斯斯文文地把一只清炖小白蹄吃得干干净净。尤其是他一丝不苟地夹着一小块蹄髈皮蘸一蘸酱油放进嘴里，往下一咽，太让人着迷！他没有点别的菜，在那个不大的圆桌上，那餐午饭，他只吃了一碗饭，一只清炖小白蹄，但是他把"妙不可言"留在了对面桌上的两只眼睛里。

读到这里，我不仅知道了，梅教授的优雅其来有自。而且还知道，斯文，只要人的身上有受过教育后留下的斯文，人在面对磨难时就能坚强，面对暴行时就能投去蔑视。即便是斯文遭受侮辱时，也能秉持悲悯之心视之，坚守文明的价值观以战胜野蛮。

梅教授的笔下不仅有文雅的知识分子，亦有保安、小摊贩、快递员、清洁工等底层民众。他们勤劳善良质朴。见到小区里的清扫工不被尊重，梅教授主动为他们鼓与呼：

> 真正平等的事是没有的，但是稍微合理，比较合理，尽量合理，是可以做到的。一个扫落叶的人，不是落叶；一个清除垃圾的人，应该被尊敬。但尊敬不是只写一首诗献给他，只在电视节目的舞台上深情朗诵，而是也要给他们恰当的薪水，蓝领黑领，都必须有领子，今天的事实是，许多的"无领"人，他们每天干的事倒的确是在添砖加瓦，气喘吁吁，而白领金领里面，偷梁换柱的不少，干脆把墙角挖了带回家的也不少。我说的这话我负责，请你别和我辩论！

叫我们相信童话的充满诗意的梅教授不见了，写戴小桥故事的幽默的梅教授不见了。我们看到了面对不公横眉怒目拍案而起的梅教授。世道人心要变好，途径不少，但知识分子的直面社会，仗义执言，不负良心，启发民智，传递美好是很重要的一条。

三

读完《绿光芒》是在一个阳光灿烂的午后。我忽然想起在师范学校念书时经历过的一个场景：那也是一个阳光灿烂的午后，一位温文尔雅的中年男子——我们的老师，为我们几个学小提琴的学生示范演奏。他拉的是萨拉萨蒂的《流浪者之歌》。修长的手指在琴弦上轻柔而敏捷地移动翻飞，弓与弦摩擦时一股淡淡的松香烟雾慢慢飘起。正当我们听得入迷，琴声戛然而止。老师放下小提琴，从裤子口袋里掏出一块叠得方方正正的手帕，擦一擦手指，微笑着看我们。阳光射进屋里，把桌上的小提琴照得亮闪闪的。动人的乐曲声好像仍然萦绕在我们周围。

2016 年 7 月 26 日

《小学生朱自清读本》导读

朱自清先生是中国现代著名作家、学者。几十年来，他有多篇文章被选入中小学语文教材，很多中国人是读着朱自清先生的文章走进中国现代文学之门的。我从《朱自清全集》中选出若干适合小学生阅读的篇什，编成这本《小学生朱自清读本》。整本书分成四个部分：第一部分"你和我"，选录了写人记事的文章；第二部分"踪迹"，选录了状物写景的文章；第三部分"去欧洲"，选录了朱先生的欧洲游记；第四部分"荷塘边的身影"，选录了几位朱先生的学生、同事怀念朱先生文章的片段。这样分类是因为，小学生平时接触得最多的文章就是写人记事状物写景四类，从熟悉的类型入手，或可增加一些阅读的趣味。为了便于大家在本书的阅读中获得更多收益，下面推荐几种阅读方法：

朗声诵读法。朱自清先生的散文是很注重音韵美的，他说自己在写文章时"注意每个词的意义，每一句的安排和音节，每一段的长短和衔接处"。比如《春》《绿》《匆匆》等文章，文字浅显易懂，最宜朗声诵读。读一遍可能无法完全了解文章内容，体会其妙处，那就多读几遍。读的时候需注意根据标点，合理停顿。等读熟

了,还可以边读边想象语句所描绘的画面。写自然风光的文章可以诵读,写人记事的文章也能诵读。比如《冬天》中的这一段:

> 说起冬天,忽然想到豆腐。是一"小洋锅"(铝锅)白煮豆腐,热腾腾的。水滚着,像好些鱼眼睛,一小块一小块豆腐养在里面,嫩而滑,仿佛反穿的白狐大衣。锅在"洋炉子"(煤油不打气炉)上,和炉子都熏得乌黑乌黑,越显出豆腐的白。这是晚上,屋子老了,虽点着"洋灯",也还是阴暗。围着桌子坐的是父亲跟我们哥儿三个。"洋炉子"太高了,父亲得常常站起来,微微地仰着脸,觑着眼睛,从氤氲的热气里伸进筷子,夹起豆腐,一一地放在我们的酱油碟里。

长长短短的句子错落有致地放在一处,抑扬顿挫地读起来别有意趣,极有镜头感,我非常喜欢读。一边读,眼前就会浮现出一家人其乐融融的画面。

图文合读法。《小学生朱自清读本》中附有不少照片,有的是朱自清先生本人,有的是朱先生到过或者住过的地方。有的照片摄于几十年前,有的照片则摄于当下。另外,本书中还配有很多精心绘制的有意思的插图。阅读时,千万不要忽略这些照片与插图,而要将其当作理解朱先生文章的辅助手段。比如,在《我所见的叶圣陶》一文中,配有朱先生与叶圣陶先生的合影,两位先生当时正值青春年少意气风发,神情怡然儒雅。这就为文中记载的平和勤奋敦厚的叶先生写下了一个妥帖的注脚。再比如《福也尔书店》中介绍了伦敦的旧书店,书中配有两张我在伦敦旅行时拍摄的旧书店的照片。虽然朱自清先生逛的旧书店与我逛的应该有很大区别,但从照片和文章中呈现出来的英国人爱读书的文化是一致的。书中的插图也好极了。《匆匆》一文中,配了一整页的插图,一株笔挺的老树旁站着一位仰头凝望的先生，几片落叶正缓缓飘落。从先生的长衫和地上的小草晃动的方向看，几乎能感受到萧萧秋风。时间就是在这风中悄无声息地匆匆流逝的吧。为《荷塘月色》配的插图更妙了。横跨两页的挨挨挤挤的荷叶将文字围在中间，文字的右上角有一抹淡淡的月影。《荷塘月色》的文字对部分小学生而言可能有些难，可看了如此美妙的插图，小朋友应该会得到独特的感受吧。

除了关注本书中的照片和插图，大家也可以根据文章再到图书馆或利用网络查找更多相关照片。因为书中篇幅有限，像朱自清先生故居和扬州风景的照片只放了几张，如果能查阅到更多，相信你对朱先生的生活经历和文章会有更全面的了解。

绘图辅读法。我在《小学生朱自清读本》后记中这样写：朱先生走过许多地方，写过不少游记，也是要选一些的。其中，我特别重视朱先生写在欧洲游历的那些文章。现在社会发展，出国方便，文中提到的一些国家，有的小读者也曾去游览过。读了文章，将自己的感受与朱先生的感受做一番比较，或者将当下的中国与外国做一番比较，都是很有趣也很有益的事。如果有的小读者还没机会出国旅行，没关系，读了朱先生的文章，便是完成了纸上的旅程，一样增长见识，启迪思考，为形成国际理解观念打下基础。

所以，我建议小读者们读完这本小书后，或者在读的时候，可以打印一张中国地图一张世界地图，在上面标注出朱先生到过的地方，为这个地方写过什么。如果你有兴趣，也可以自己设计路线图或者思维导图，这是一种十分有意思的读书笔记哦。设计完了，再涂上颜色美化一下，贴在教室里，与同学们分享，那就太完美了。要知道，不同的人读同一本书是会读出不一样的感受的。了解别人的阅读体验，也是有益的阅读。

合作阅读法。一本书，几十篇文章，总有喜欢的，或者不太喜欢的。总有读了几遍还想读的，也有浏览一遍就过去的。这都是正常的。所以，如果老师有兴趣，不妨针对班级中学生的阅读特点，为这本书做一个阅读方案。先让孩子们分头认领喜欢的篇目，数人一组自主阅读。然后指导孩子们用喜欢、擅长的形式，做一次小组阅读成果交流。或写或画，或说或演，使用媒体，邀请外援，怎么开心怎么做。这一定极有趣。等交流结束，再根据同学们的阅读成果自由重读，收获会更大。在指导孩子们阅读时，老师可以重点阅读本书中的"读与思"，相信会对提高自身的文本解读能力以及引导孩子阅读有所助益。还可以从书中选一篇为学生上一课，做一次精读指导。

以上方法只是我的一孔之见，建议而已。大读者和小读者们，用你们喜欢的熟悉的方式，阅读《小学生朱自清读本》吧，阅读《名家文学读本》系列吧，阅读一本又一本好书吧。

2016 年 2 月 28 日

读《叶圣陶语文教育论集》

记得某次一家媒体采访我时,问起有没有一本书,是每年都要拿出来读的。对于我,这样的书不止一本,第一本就是《叶圣陶语文教育论集》。

一九九二年,因为一所小学缺少师资,所以我提前半年从师范学校毕业,走上小学教师的岗位。教了一个学期数学后,我向校长提出,想教语文。校长答应了。可是怎么教呢?心里没底——还是向书本求教。一九九二年六月三十日,我在南京东路新华书店学术书苑买到了上下两册的《叶圣陶语文教育论集》。之所以记得那么清楚,是因为购书发票一直夹在书里。

一本书,读了二十多年,读出些什么呢?说出来,读者诸君一定会惊讶——第一是感到惭愧。抄几段老先生的话在下面:

> 道德必须求其能够见诸践履,意识必须求其能够化为行动。要达到这样地步,仅仅读一些书籍与文章是不够的。必须有关各种学科都注重这方面,学科以外的一切训练也注重这方面,然后有实效可言。国文诚然是这方面的有关学科,却不是

独当其任的唯一学科。所以，国文教学，选材能够不忽略教育意义，也就足够了，把精神训练的一切责任都担在自己肩膀上，实在是不必的。

我们经常说，语文课要有语文味，不能把语文课上成品社课、历史课、地理课等等。语文课要教授语文本体知识，训练语文本体能力。但有的老师一讲课文，就习惯性地围绕思想教育展开。叶先生说这番话的时候，国家正处于抗战时期，可以想象，那个年代的青少年思想教育何等重要何等迫切，可他却明确地提出思想教育问题，不是语文一个学科可以承担得起的。

那么语文教学"独当其任"的"任"是什么呢？叶先生说：

> 那就是阅读与写作的训练。学生眼前要阅读，要写作，至于将来，一辈子要阅读、要写作。这种技术的训练，他科教学是不负责任的，全在国文教学的肩膀上。

这种训练是否就是让学生多读多写呢？叶先生说不完全是。

> 所谓训练，当然不只是教学生拿起书来读，提起笔来写，就算了事。第一，必须讲求方法。怎样阅读才可以明白通晓，摄其精英，怎样写作才可以清楚畅达，表其情意，都得让学生们心知其故。第二，必须使种种方法成为学生终身以之的习惯。因为阅读与写作都是习惯方面的事情，仅仅心知其故，而习惯没有养成，还是不济事的。

多读多写，只是表象，背后是方法的传授，习惯的养成。反观当下，有多少教师能将教法与学法合二为一，能去琢磨学生怎样才能学会，能关注学生语文学习习惯的培养。其实不要说这些，很多老师连"多读多写"都没有做到。

一九一九年元旦,叶先生与王伯祥先生合写的《对于小学作文教授之意见》发表在《新潮》杂志上,其中有如下一段:

> 总之,作文命题及读物选择,须认定作之者读之者为学生,即以学生为本位也。教者有思想欲发挥,有情感欲抒写,未必即可命题,因学者未必有此思想有此情感也。教者心赏某文,玩索有素,未必即可选为教材,因学生读此文,其所摄受未必同于我也。必学生能作之文而后命题,必学生宜读之文而后选读,则得之矣。

读上述引文,反躬自省:编选各种读本时,我们是从儿童的角度出发的吗?开发各种校本课程时,我们有没有深入地想过,这是学生需要的吗?说实话,现在如果有教师自己想写一篇文章,然后要求学生一起写,还真算是不错的了。每学期除了工作计划总结,别的一概不会写或者敷衍了事的小学语文教师大有人在。

所以,每次读《叶圣陶语文教育论集》,我都会情不自禁地想,百余年来,小学语文教学到底进步没有?小学生的语文能力提升没有?每次这样想,惭愧焦灼便油然而生。

第二个感受是叶圣陶先生的书能让人眼目清亮。几十年来,小学语文一直是一个十分活跃的学科。可能是因为大家都看到了,小学语文教学用时很多,效益不佳。于是,各种实验、改革层出不穷,甚至到了"乱花渐欲迷人眼"的地步。以至于有的老师常把"越来越不会教语文"挂在嘴边。想攻坚克难,想改变不好的现状,当然值得嘉许。只是,面对各种改革经验,我常会回到叶先生的书中,经常想,如果在改革前,认真读一下叶老的文章,应该能少走很多弯路。还有些实验甚至可以不做。比如:

阅读书籍的习惯不能凭空养成，欣赏文学的能力不能凭空培植，写作文章的技能不能凭空训练。国文教学所以要用课本或选文，就在将课文或选文作为凭借，然后种种工作得以着手。课文里收的，选文入选的，都是单篇短什，没有长篇巨著。这并不是说学生读一些单篇短什就够了。只因单篇短什分量不多，要做细琢细磨的研读工夫正宜从此入手；一篇读毕，又来一篇，涉及的方面既不嫌偏颇，阅读的兴趣也不致单调，所以取作精读的教材。学生从精读方面得到种种经验，应用这些经验，自己去读长篇巨著以及其他的单篇短什，不再需要教师的详细指导（不是说不需要指导），这就是略读。就教学而言，精读是主体，略读只是补充；但就效果而言，精读是准备，略读才是应用。

现在有的老师抱怨教材不好，于是用一个月或者更短的时间草草教完课本上的内容，然后组织学生大量读书。乍一听，觉得很不错。可仔细一想，问题很多。第一，课本再不好，不会一无是处吧。如果不做具体分析，一概草草了事，是否恰当？第二，课本体现着学生在某学段应该掌握的知识与能力，用很短的时间教完课文，那些知识与能力，能学扎实，练到位吗？第三，让学生大量阅读之前，应将阅读内容、要求等课程化，阅读效果应可检测，这样的工作有多少一线教师能做好呢？诸如此类的问题，要问的话，还能问出很多。其实，将教材扔在一边，教师往往对课程、教材缺乏客观的认识，而且不善于教书。真正会教书的老师，能发现教材的问题，能二度开发利用，能用教材教，教会学生方法。依靠教材，上好精读课实在太重要了。叶先生对精读课和略读课的功能、关系论述得太好了。没有"准备"，如何"应用"？没有"细琢细磨"

的精读课，一味让学生自己粗略读去，时间一长极易出现两极分化现象——天资聪颖的孩子或许自己能悟到读写方法；天资一般，家庭教育背景不佳的孩子没有教师的指导则什么也得不到，然后恶性循环，越来越差。特别是在班额较大，学生差异较大的情况下，这个问题必须充分重视。因为教师要关注的是全体学生的发展，而不是部分基础好的孩子。精读课没上好，有问题不想改，却另找他途，这不变成自己生病，别人吃药了吗？

再比如，当下，很多小学语文教师在班级里大力推广儿童文学阅读，这当然是好事。不过，有的老师走得急了些，将大量时间用于文学作品欣赏指导，而疏忽了语文教学。更有老师提出激进的观点——让文学教育代替语文教学。让我们听听叶圣陶先生是怎么说的——"国文的涵义与文学不同，它比文学宽广得多，所以教学国文并不等于教学文学。"他说，国文里除了文学，还有大量普通文。普通文包括"书信、宣言、报告书、说明书等等应用文，以及平正地写状一件东西载录一件事情的记叙文，条畅地阐明一个原理发挥一个意见的论说文"。他认为，中学生首先要学习写好普通文。我想，小学生更应该如此。因为"普通文易于剖析、理解，也易于仿效，从此立定基本，才可以进一步弄文学。"我猜叶先生的观点在当时大概是会招来不少反对意见的，所以他进一步阐述：

> 我也知道有所谓"取法乎上，仅得其中"的说法，而且知道古今专习文学而有很深的造诣的不乏其人。可是我料想古今专习文学而碰壁的，就是说一辈子读不通写不好的，一定更多。少数人有了很深的造诣，多数人只落得一辈子读不通写不好，这不是现代教育所许可的。

这样朴实的文字，读进去，真是振聋发聩。

叶先生的书能让人逐渐变得通透。叶先生做过教师，编过教材，创作过文学作品，对于语文教学中的很多细小现象，总能一语道破问题的关键。举一个小例：我在外上作文示范课，做作文教学讲座时，常常有教师问及作文批改的问题。因为有些学校对于作文批改有着近乎苛刻的要求：要有眉批，有总评，有圈划，有修改，甚至对评改还有字数规定。叶先生也多次谈过作文的批改，他说：

　　老师改作文是够辛苦的。几十本，一本一本改，可是劳而少功。是不是可以改变方法呢？我看值得研究。要求本本精批细改，事实上是做不到的。与其事后辛劳，不如事前多做准备。平时不放松口头表达的训练，多注意指导阅读，钻到学生心里出题目，出了题目作一些必要的启发，诸如此类，都是事先准备。做了这些准备，改作文大概不会太费事了，而学生得到的实益可能多些。

老先生讲得多明白——工作要做在前，平时教得好，将学生表达的欲望激发出来，作文批改就不是苦役，而是享受——因为那时教师是站在读者的角度分享学生的见闻感受。很多同行常纠结于教育教学现象的细枝末节，其实，换一个角度，参透教育教学的本质，很多困难就能找到破解之法。如果配套的管理制度能更专业就更好了。

《叶圣陶语文教育论集》初版于一九八零年，到一九九一年才第二次印刷。去年二月终于出了新版。人民教育出版社出过一套五卷本的《叶圣陶教育文集》，内容更丰富，且不难买。若将两种书放在一起读，收获会更多。叶圣陶先生那代人，对古代的东西、现代的理念都熟悉，大半生在言说相对自由的时代度过，虽然他们都已故去，但很多思想却依然走在当代人的前面。感慨系之之余，面对当下社会上数不胜数愈发严重的"读不通写不好"现象，他们的书总要经常读才好，小学语文教师总要想清楚"语"和"文"到底是什么，到底该怎么教，然后不懈努力才好。

2016年1月11日

奥数是谁的替死鬼

前不久，读到一个五年级小学生的日记，写的是她参加某初中的提前招生考试的情况：

……监考老师发下卷子后，我们立刻埋头思考起来。我一看题目就惊呆了！竟然全是奥数题！这对于我这个没怎么接触过奥数的"小蝌蚪"来说，无疑是一场巨大的挑战。我的大脑一片空白，心"咚咚"乱跳。呀！这道题似曾相识，但我绞尽脑汁，左思右想还是没能想出解题方法。我的头上不禁沁出细细的汗珠。转头看看其他同学，也都紧锁双眉，抓耳挠腮，努力思考中。我努力使自己镇静下来，挑会做的题目先做。然后再攻克难题。时间一分一秒地过去，直至交卷时，我还有三四题没有答出来……

说来也巧，没过几天，就在《文汇报》上读到一则新闻，说："基于对上海市10个区400多户小学生家庭的五年三次跟踪调查，近日，一项由上海交通大学安泰经济与管理学院副教授伍青生完成的'奥数调查'出炉。"调查结果表明"小学生选择校外奥数课程的比例在三年级的时候大幅增加。具体来说，是由一年级时（2008～2009学年）的35.27%，大幅提高到三年级时（2010～2011学年）的68.49%，再小幅提高到五年级时（2012～2013学年）的71.25%"。奥数不是人人都可以轻松学会的。要学会，就得花时间，"小学生自身每周课后复习奥数的时间，翻倍于校外课程的时间。校外奥数课程的时间大部分是每周3小时，少量是2小时或4小时。但学生每周课后复习奥数的时间，三次调查分别为6.07小时、6.41小时、6.72小时。可见，每周奥数的平均时间为9～10个小时"。即便如此，可能还是有孩子学不会，所以"奥数课程教师要求小学生三年中为奥数花10000小时的课外时间"。花了时间，花了钱，花了精力，学习效果如何呢？报上说，奥数大量挤占了小学生的睡眠和锻炼时间，还打击了部分孩子的自信心，甚至有学生说："奥数让自己就像个傻瓜！"很多人原以为，奥数虽难，一旦学会了，可以促进孩子思维能力的发展。没想到，这份研究报告称："奥数的题海战术强化了学生的模仿，有损于发散性创新能力的培养和发展。"如此看来，奥数对绝大部分小学生而言，只有弊没有利。

说起奥数的难，我忽然想起五年前读过的一本书，叫《奥数是个替死鬼》，三联书店出的。作者是位校外辅导机构的专职老师，清华大学出身，教小学奥数和中学物理。在第一页上，他就让读者们看了一道奥数题：

> 动物园里猩猩比狒狒多，猴子比猩猩多。一天，饲养员拿了十箱香蕉分给它们。每只猩猩比每只狒狒多分一根，每只猴子比每只猩猩多分一根。分完后，只剩下两根香蕉。如果每箱香蕉数量相同，都是四十多根，而且猴子比狒狒多六只，猩猩有十六只。那么动物园里有几只猴子？

我对奥数一窍不通，乍一看，竟莫名其妙地觉得这道题与"语文教得最好的是体育老师教出来的数学老师"之类的网络段子有异曲同工之妙。作者说，答案是十九只。可怎么算出来的，他想了一夜也没有头绪。没想到，早上起床去了趟厕所，竟想出来了。这是三年级的题目。作者还说，自己的解题思路清晰，"趣味性强"，相信孩子们会"高高兴兴地听下来"。说到趣味，我忽然又想起一本书，叫《趣味数学100题》，少年儿童出版社一九七九年四月出版，三十二开方形开本，图文并茂。编辑对小读者们说："作者采用故事、童话、儿歌、游戏等多种形式，生动活泼地教给你许多有用的数学知识。"书中第二题说："一个大人一餐能吃四只面包，四个幼儿一餐只吃一只面包。现有大人和幼儿共一百人，一餐刚好吃完一百只面包。这一百人中，大人和幼儿各有多少？"题目下面画着厨师给大人小孩分面包的有趣情景。这和现在的奥数题蛮像的，但作为读者我至少还愿意去思考，不像那道"猴子猩猩狒狒"，连题目都不想读第二遍。

　　糟糕的是现在"猴子猩猩狒狒"太多了，难怪小学生会觉得自己像个"傻瓜"。明知会变成"傻瓜"，明明对奥数恨得牙根痒痒的，为什么还要去学？因为一些好初中要用奥数选拔学生。进了好初中才能进好高中，然后一路好下去。我问了好几位初中老师，初中里有没有专门的奥数课程，都说没有。奥数，就是一块敲门砖。这块砖在敲开门的同时，也把很多小学生、家长敲得眼冒金星甚至血流满面。我可以理解初中选拔好学生的想法，他们有中考的压力。只是能否选择更好的选拔、评价方法呢？

　　钱穆先生在《师友杂忆》中记载了自己某次参加地理课考试的情形："一次考试，出四题，每题当各得二十五分为满分。余一时尤爱其第三题有关吉林省长白山地势军情者。乃首答此题，下笔不能休。不意考试时间已过，不得不交卷。"当时教钱先生地理课的是吕思勉先生。那是的吕先生才二十五岁，钱先生十三岁。吕先生看完钱先生的试卷便忍不住在卷后加批注，"一纸加一纸，竟无休止"。吕先生用铅笔写批语，写久了要再削，为了省事，他竟将铅笔劈开，取出铅芯，"不断快写"。最后写了多少，写了什么，钱先生并不知道，他只知道，自己只答一题竟得了七十五分。

虽然在上述例子中，我们找不到可以借鉴的具体方法，但是"七十五分"背后的学生观、因材施教关注学生发展的评价理念很清楚地展现在我们眼前。

换一个角度说，不违规提前选拔，按照正常程序招生，然后用优质的教学质量完成中考任务，真正实现教育的均衡化发展，行不行？可以的！只是辛苦一点。要认真教研，提高教师业务能力，努力提升课堂教学效率才行。问题是，这不正是教师的本分吗？如果彻底杜绝了以考奥数为主要手段的选拔考试，小学生的负担会减轻很多。或许到了初中阶段还能爆发出更强的学习力。

《奥数是个替死鬼》的作者站在校外辅导机构的立场上，批评学校教育的不足，学科教学质量的不佳，介绍自己的奥数课有趣，能吸引学生，并借助家长争着报名参加辅导班来佐证校外辅导机构存在的价值，且为奥数正名。虽然我对他的一些观点并不赞同，但有段话他是说到点子上了：

> 所以，折磨孩子的是人，不是题。折磨孩子的老师，无论是在培训机构还是在公立学校，无论是教奥数还是教音乐、体育，结果都差不多。有些题目大人不会做并不意味着对孩子就是折磨，思路和心态不同而已，教学过程才是关键。奥数就像一

把菜刀，问题在于拿刀的是恶棍还是厨师，如果是恶棍，手里换了擀面杖一样要伤人。

由此想来，奥数确实是个替死鬼。它在替谁死？我们应该深思，并积极展开"营救行动"。

2015 年 5 月 5 日

理解不了的诗情

回想起来,关于饮食的书,最早读的好像是《知堂谈吃》(钟叔河编,中国商业出版社1990年版)和《讲饮讲食》(枕书著,香港中华书局1990年版)。知堂谈吃,说的都是再家常不过的菜蔬点心荤腥。那时是上世纪五十年代初,知堂老人几乎每天给《亦报》写"豆腐干"文章。文章虽小,格局却大。比如他写《藕与莲花》,先是介绍藕的吃法,再说莲子的吃法。接着说有人能拿荷花花瓣酿酒。最后忽然宕开一笔,将莲花和桂花作了一番比较:"莲花与桂花在植物中确是怪物,同样的很香,而一个开花那么大,一个又那么小。可惜在中国桂花为举人们所独占,莲花则自宋朝以来归了湖南周家所有,但看那篇《爱莲说》,说的全是空话,是道家譬喻的一套,看来他老先生的爱也是有点靠不住的了。"明明在写家常小食,可写着写着,老先生忍不住要跑一点野马发发议论。知堂老人的这类文章一路读下来,每篇都像是聊天记录,平易流畅。可回过头再仔细读读,却发现原来都是很高妙的文章。

枕书先生本名吴德铎,是科学史学者、博物学家,已去世二十多年。他写饮食的文章以及其他博物文章全是扎实漂亮的知识小

品,被翻译家傅雷先生誉为难得的好散文。抄一段他写苦瓜的:

> 比屈大均更早的李时珍《本草纲目》也著录了苦瓜,并认为郑和的随员费信的《星槎胜览》中所记苏门答腊产的一种瓜,"疑此即苦瓜也"。因而有人据此以为苦瓜是郑和一行所赍归,加上有些植物学家主张苦瓜原产印尼,这样,苦瓜是三宝太监下南洋时传来,就显得更为可信了。这说法虽很诱人,却未必经得起推敲。因为我国早期记录苦瓜的科学典籍除了《本草纲目》,还有《救荒本草》,后者是朱元璋第五子朱橚的著作,这书称苦瓜为可以帮助人们度过饥荒的"锦荔枝"。徐光启《农政全书》指出,它本是常见的蔬菜,"不必救荒"。《救荒本草》最大特色是不少内容来自作者的直接经验。既然朱橚已经指出,苦瓜可用于救荒,永乐、宣德年间郑和始传来之说,便不攻自破了。

枕书先生在自己的《文心雕同》一书中曾提到这类文章的作法:"……写法和正统的科普作家略有不同,我不是一本正经地讲解知识,而是天南地北,上下古今,胡乱地凑合,好像烧小菜一样,各种味道都有一点,力求能适合不同的口味。""胡乱地凑合"当然是作者的自谦。"凑合"的背后有深厚的学养通达的见识。"凑合"出来的文字极具文章之美。

生活在某地,习惯了某些食物,习惯了某种口味,要想改变是蛮难的。比如我,是上海本地人,早上喜欢吃一碗泡饭,佐以乳腐酱瓜,咸菜炒毛豆。夏天,冷开水泡饭,吃到肚中,浑身舒爽。冬天,泡饭用开水煮开,吃得周身暖洋洋。如果改吃面食,一两天还好,时间一久,就受不了了。读书也是如此,特别是人到中年之后,习惯了某种风格的文笔,某种文章的作法,就会顺着那一路读下去，不大能接受别的味道。

某天参加一个文学讲座，在会场外的书摊上见到焦桐的《欲望厨房》。我读过焦桐的《台湾味道》（三联书店2011年版），印象很好。这本《欲望厨房》薄薄一册，红底封面中嵌了一幅别致的小图。封底上印了几段推荐词，开头一段写道"焦桐异想天开，把食谱写成了诗谱……"我一下子有了兴趣，虽然书被塑料纸严严实实地包裹着，无法翻阅，还是买下了。回到家，拆了塑封，随便打开一页，看到一道菜，菜名"心灵改革"。这道菜的做法是："① 以牙刷仔细为螃蟹洗澡。② 以注射器喂她白葡萄酒。为她松绑，含笑看她两眼迷蒙，陶然大醉。③ 水注入蒸锅内，烧开。螃蟹入蒸笼，仰卧。……"一通玄虚，原来是蒸螃蟹。其后有一首诗，抄一小段在这里——

>……
>双手握住你，
>掰开你的肢体，
>剥去你的外衣，仿佛
>怀孕的爱人的依赖，
>每一寸肉都是一支歌，
>……
>你是美丽的蟹，醉倒
>等待我厨艺家的巧手
>将你料理。你假寐等待
>我美食家的舌头
>将你品尝。

确实"异想天开"。吃蟹本来是件风雅的事，用"掰开"、"剥去"来描述，真不能接受。后面几句更是离谱。如果螃蟹是在假寐，说明还活着，你却要将舌头伸过去，活吃它，这是不是有点吓人？在这本书里，"春情荡漾"是一种茶，"露水鸳鸯"是一条鱼，"巫山云雨"是一道甜品。读完全书，才知道此书在台湾出版时名为《完全壮阳食谱》，作者说"预料到这本现代诗完全有可能被书店摆在食谱类贩售"。原来作者是借用食谱的式样写诗，也花了力气，每首诗的题目都是一道四字菜名，奇幻无比。然后用"材料"、"做法"、"说明"、"诗"四个部分阐述。陈思和先生评论道："四个部分构成一个完整的诗歌文本，环环相扣，层层解构，饱含着多种元素的（诸如食物的、历史的人性的）悲剧感。"焦桐借用各种稀奇的食材解构文化、讽刺世情、剖析人性、畅谈欲望、创作实验性诗歌，或许有的读者是喜欢的，可我却接受不了。我总觉得诗歌要给人以审美体验，作者别出心裁，用"孟加拉虎鞭"、"轻盈苗条的猪脚"、"严重发情的公鹅"、"刚发情的公鸭"做文学意象，我一点儿感受不到美好的诗情，这样的诗不读也罢。再说，因为先入为主，我已习惯了那种有知识，有情感，有文化，有见识的饮食文章。我并不排斥创新，但作者把饮食题材试验到这个地步，我只好笑笑，把书塞进书架一角。

写到这里不禁想起《台湾味道》里有篇文章写蚵仔煎，说蚵仔煎的由来，与海蛎煎的区别，具体烹制方法。文章最后部分写得好极了，描述几个经营蚵仔煎的老板，活灵活现。焦桐说最好吃的蚵仔煎在槟城，很多槟城人一天不吃林老板的蚵仔煎就不自在。

　　……林忠亮自1958年开始经营蚝煎，而且只卖此味；其实他父亲已经炒了四十几年了。两代人靠蚝煎生活，将近一百年坚持只卖这样的蚝煎。

林老板满脸油汗站在火炉前，穿的背心已然湿透，颈项上搭着一条毛巾，炉火兴旺。他倾油入火上的大铁板，铁板上先放进蚵仔、青菜，再舀入兑过水的番薯粉，打蛋进去，香味随着热气蒸腾四散，油花亢奋地跳舞；当平锅中的蚵仔煎微黄，翻面续煎，再铲起，装盘，淋上甜辣酱。

　　我在台湾也常吃蚵仔煎，可就不曾吃过如此酥脆的蚵仔，如此货真价实。他的蚝煎永乐大量的蚝，加韭菜、番薯粉，再加捣碎油炸过的大葱头，虽名为"煎"，实则重油到接近炸的地步，可真的很好吃。

　　很巧，蚵仔煎和海蛎煎我都吃过。读完上文，热气、香味好像就在周遭。

2014 年 12 月 31 日

"过去竟然是这样啊……"

刚读完木春兄去年惠赠的三本关于民国教育的新书,就收到了《先生当年——教育的陈年旧事》的电子稿。蒙木春兄抬爱,要我作序。这当然是我的荣幸,希望我以下粗陋文字不要坏了书稿的清雅。

好像是在2009年暑假,我去南昌参加《教师博览》杂志的笔会。我到得晚,独自吃过晚饭,去找蔡朝阳兄聊天。我们是网友,之前没见过面。在朝阳的房间里,我也第一次见到安静的木春兄。

"我是上海朱煜。"

"我是福建东山王木春。"

现在想来,我们的自我介绍好像有点民国味道。

那天晚上,主要是我和朝阳在说话,天南地北,时事政治,读书心得,如此而已。木春兄一直在为我们泡茶。那是我第一次领略福建人泡茶的功夫。一套旅行茶具,素净雅致。倒水、烫杯、醒茶、泡茶、斟茶、续水……木春兄娴熟的泡茶手法在我眼中,宛如高妙的艺术。我见过茶道表演,与木春兄相比,实在做作。泡茶间歇,木春兄偶尔慢悠悠地插话。那天具体说了什么,现在都已忘记。第二天开会，会后我先行离开了。

过了两年，某次我在一家杂志上发表了文章，杂志社寄来样刊。那天，我正好去单位传达室，保安师傅递给我一个快递，问："朱老师，我们学校有这个人吗？"我接过一看，收件人处写着"王木春"。再看杂志名称，我一下子明白了。寄样刊的杂志社将我与木春兄的通讯地址搞混了。那次，我和木春兄的文章刊登在同一期杂志上。

世界真小。某日与朱永通君聊天，他是拙著《讲台上下的启蒙》《教书记》的策划编辑。聊着聊着，不知怎的，提到了木春兄。永通君笑着说："木春是我的同乡，多年的好友哦。"匆匆几年，2013年寒假，我登上东山岛，又见到了木春兄。东山岛真是好地方。一出门，上面是湛湛青天，下面是无边碧海。坐在细软的沙滩上，看青翠的树丛，听海涛阵阵，心会很静很静。我在东山岛住了两天，木春兄伉俪和永通君热情款待。告别时，我对木春兄说，这里真是读书的好地方。木春兄笑着说，以后来多住几天，可以在这里写东西。可惜，东山岛没有再去，手边总有还不尽的稿债，在纷扰的世事中，心烦意乱见缝插针地写着。木春兄读书则读出了成果，三年光景，编写出四本书。

《民国名家谈作文之道》《过去的课堂》《为幸福的人生》都是文章汇编，而这本《先生当年》则是木春兄大量阅读后，孜孜矻矻地写出来的。有一种说法，叫作替人读书——书太多，会读书的人先读，然后分享阅读心得，为别人指出读书路径。《先生当年》就是一根"度人金针"。我也喜欢读民国人物的轶闻趣事，读到动心处，便摘抄下来，引用到自己的文章里。与木春兄相比，我读得实在太少了。这本书中起码有一半的资料是我没读过的，将来有机会一定要向木春兄当面请益。

民国存在了三十八年，但近十多年来，不少"挖掘工"从那时的知识界里发掘出太多的精神矿藏。木春兄就是其中一员。短短的三十八年间，虽然国家内忧外患，积贫积弱，可知识分子有风骨、有学问，活出人的样子。木春兄不仅为我们呈现出那时的中国人中的优秀分子的群像，更将自己对他们的敬意用于现世的观照。比如，他读到陶希圣在《潮流与点滴》一书中回忆商务印书馆的编辑等级制，想起一段往事：

> 当时有位朋友在教育局当主任（股级），某天我去找他，他正踌躇满志地坐在崭新的办公桌前，我记得桌上还摊着一本厚厚的大本子，本子下面是一层软皮做垫，上面是日历，旁边还可夹进照片等等。看得我眼花心热的。我感觉办公室有点挤，就随口问朋友："房间太小，办公桌何必这么大？"朋友微微一笑，神秘地问："你知道这办公桌的学问吗？"我摇头。他告诉我，副局长的办公桌更大，有多少米长，正局长的办公桌又更大了，有多少米长。我问为什么要搞得这么复杂。他"嘿"的一声，嘲笑我，又启蒙我说："你个书呆子，这叫级别，怎么能随便越级的？还有啊，办公桌的摆放位置也是有讲究的……"我读过一点古书，知道古代一点礼仪，但无法和现实扯上关系。我以为朋友是在跟我说笑话。
>
> 教育局局长们的办公桌大小如何，我没机会去欣赏、比较。如今，读了陶希圣"桌子的故事"，我不得不相信朋友当年的"启蒙"——在单位里，桌子是特殊的"名片"，是身份的象征，等级的物化。同时联想起曾经去过的几所中学，那些校长办公室的桌子、副校长办公室的桌子、普通办事员的桌子，果真大小不同。

什么时候，教育界里的办公桌，不再有那么多的大大小小，甚至就像当年的北大，"每个教授的桌椅都一样"，也许就是教育真正有希望的时候。

在本书中，这样的思想之光随处可见。木春兄是位优秀的高中语文教师，虽然也有忙于应试的时候，但他从没有停止过阅读写作思考。木春兄的学生是有福的，在确立价值观的紧要时期，能得到一位明白的老师引领。作为同行，也是有福的。在木春兄细致的笔触间，我们感受到前辈的思想光芒和人格魅力，得到战胜黑暗的力量。

我还特别留意书中关于民国时期的学校管理运作的介绍。有一篇介绍无锡辅仁中学的文章，我印象尤深。

无锡辅仁中学是一所袖珍型的私立学校，是圣约翰大学四位早期校友回乡创办的。学生仅200名左右，基本来自创办人在附近的亲戚朋友子弟，少数从四乡八镇过来。别看学校规模小，培养出的人才却不得了：在海峡两岸就有12位院士（据较近数据，全中国的院士人数，北京第一，上海第二，无锡第三，无锡共60人）。还有一位著名的科学家钱钟伟，以及国学大师钱锺书。

极小的规模与极大的成绩形成强烈的对比，原因何在？第一个原因是校址：

辅仁中学独具浓厚的历史文化底蕴。学校没有任何围墙，与古老的东林书院比邻而居，中间相隔一排矮松树。东林书院内保存一座东林祠堂，有学生顽皮不听话或不用功，老师就带他们到祠堂的小石凳上罚站，伴以谆谆教诲："那几个人就是你祖宗！你对不对得起你祖宗？"祠堂里供奉的除了旧时东林党人，还有本地一些杰出的读书人，所以学生都自命为东林党人。不难想象，如此切近而富有人情味的训诫所能达到的教育效果了。

但更主要的原因，我认为是学校的管理机制：

辅仁中学没有校长，而是几位老师组成校务委员会，由一位校务会主任负责日常事务。这种管理模式，就是放在今天，一点也不落后。大概辅仁中学是私立学校，多人合办，且创办人对教育怀有共同热情，一心服务乡里，所以教学理念和公立学校有所差异。据许倬云回忆，当时和辅仁中学仅一河之隔的县女中，办学理念就大为不同。

另外，先进的教学理念和教学方式也很重要：

辅仁中学极力倡导学生间的互助互帮，形式上接近于今天的合作学习。班上同学三五一群，自主结成一个个小组，彼此切磋学业。每天下午四点钟放学，小组同学不急着回家，在学校里共同继续学习两个钟头；寒暑假也是一小群一小群同学自己上课，超前学习。第二学期或第二年上课时，老师讲课，这群学生已先读过，老师就教别的东西。课文都是学生自学，老师点拨和指导学生，不讲课文本身。

这是一所非常自由的学校："功课好的学生可以跳班。教育部对学校办学没什么干涉，连课程纲要都没有。""教数学的教员可以教国文，教国文的可以教地理，历史教员也可以临时过来教物理，不是乱搞的，教得十分称职。"师资水平这样高端，学校管理这样开明，学生怎么会学不好！

　　木春兄在文中引用许倬云先生的感叹："我想很难再找到一个那么自由自在的学校，以及让学生随心所欲的老师。对我来说，这样的教育十分有用。"木春兄特地说喜欢句中两个词：自由自在，随心所欲。因为它们是诸多原因的核心。

　　二十多年前的一个清晨，我走进东林书院。没有其他游客，我抚摸着院内的一根清代石柱，心中全是思古幽情。终究是读书太少，那时完全不知曾有一所美妙的学校就在东林书院的隔壁。如果现在去看，还会有遗迹引我默想吗？有人说，读历史就是为了知道将来又要发生什么了。这话太悲观。不过也难怪，看多了种种惨烈的历史，这样想也是自然。而我作为一名小学教师，整天与可爱的孩子在一起，心中难免灰暗少些，光亮多些。所以我读到木春兄讲述的这些历史故事，总会如孩童般天真地想，如此自由的学校应该会在将来重现吧。

　　了解民国人物的陈年旧事，最好的方式是三五友人围炉而坐，喝着茶，慢慢地聊。聊到尽兴处，忽听一人惊呼："过去竟然是这样啊……"众人抚掌大笑，所有滋味尽在其中。木春兄，那时免不了又要劳你泡茶哦。

2016 年 9 月 28 日

书　摘

民主不能算是什么特别好的政治制度，它的好处来自于民主之外的地方。民主是一种避免集权暴政的手段，如此而已。当然，民主的另外一个好处是法律面前人人平等，在证明他的确犯下罪行之前，不能被视为罪犯。……多数人永远是对的，不能被视为民主的原则，"大多数表决"还是可能会犯下最为严重的错误；投票的结果甚至还会引进专制政治，在历史上，我们经常看到这样的情况。

选摘自［英］卡尔·波普尔著，王凌霄译《二十世纪的教训》（广西师范大学出版社）第62页

只有在敬畏生命的思考中，我们才可能成功。敬畏生命在哪里付诸实现，人们就在哪里思考和反省，然后就可能出现奇迹。敬畏生命蕴含的基本和富有活力的力量是不可估量的。

选摘自［法］阿尔贝特·史怀泽著，陈泽环译《敬畏生命》（上海社会科学院出版社）第39页

我们教小孩子当折其衷：一方面予以充分机会以发展自动的能力和健全的意志，一方面限以自由范围使他不得随意乱动，以免侵犯他人的权利。教育若能如此折衷施去，小孩子未有不受其惠的。

选摘自陈鹤琴著《家庭教育》（华东师范大学出版社）第33页

我也知道有所谓"取法乎上，仅得其中"的说法，而且知道古今专习文学而有很深的造诣的不乏其人。可是我料想古今专习文学而碰壁的，就

是说一辈子读不通写不好的，一定更多。少数人有了很深的造诣，多数人只落得一辈子读不通写不好，这不是现代教育所许可的。

选摘自叶圣陶著《叶圣陶语文教育论集》（教育科学出版社）第62页

子曰："富与贵，是人之所欲也；不以其道得之，不处也。贫与贱，是人之所恶也；不以其道得之，不去也。君子去仁，恶乎成名？君子无终食之间违仁，造次必于是，颠沛必于是。"

选摘自杨伯峻译注《论语译注》（中华书局）第36页

看过我家那么多中国画你猜他最喜欢谁的作品？丰子恺。我的丰子恺不多，一幅立轴《春日双蝶》他看了又看说是平淡朴实的教人"想家"。一把扇子画一家人家在家门前扫地备茶题上"今朝风日好，或恐有人来"，他静静看了好久眼眶里泛起薄薄一层泪影说这位丰先生的画带着"传教士的爱心"！我听了一愣，告诉他说丰子恺年轻的时候真的皈依过佛门。临走，泰伦斯约我到伦敦看他的藏品，横竖我放假，过了中秋节会在欧洲，回程一定去看你，看他。

选摘自董桥著《今朝风日好》（牛津大学出版社）第5页

人实现道德生活，可以经历许多妙语和彻悟，但要通俗一点说，实不外是我们自己和良心之声之间的对语。良心之声发自每个人的心灵深处，只要你听到它，就能感到它的约束力。

选摘自韦政通著《中国的智慧》（岳麓书社）第79页

我最厌听许多人说，"我国开化最早"，"我祖先文明什么样"。开化的早，或古时有过一点文明，原是好的。但何必那样崇拜，仿佛人的一生事业，除恭维我祖先之外，别无一事似的。譬如我们走路，目的是在前进。过去的这几步，原是我们前进的始基，但总不必站住了，回过头去，指点着说好，反误了前进的正事。因为再走几步，还有更好的正在前头呢！

选摘自钱理群编《周作人散文精编》（浙江文艺出版社）第 422 页

即兴创造能激发起演员的激情和灵感，就像音乐家演奏乐曲，诗人即兴作诗，不是临时张罗，事前盘算，而是凭借平时的训练和积累，一旦上台表演，即可豁然有悟，于无意中得之。

选摘自王元化著《清园谈戏录》（上海书店出版社）第 104 页

贝多芬使钢琴雄辩滔滔。李斯特将钢琴化为管弦乐队。肖邦又不同。他真正让钢琴吟唱了起来。叫钢琴去模拟乐队，是他不屑为之的。他要钢琴用它自己独有的声音吟唱。

选摘自辛丰年著《乐迷闲话》（生活·读书·新知三联书店）第 25 页

倪峰 辑

跟我逛逛南京的书店吧
读刘旦宅国画彩绘《李时珍》札记
从林冲的样子说起
尺寸天地有文章
做一个有趣的老师

倪　峰

南京人，1996年毕业于南京师范大学中文系。南京师范大学附属中学语文教师，南京市优秀青年教师，江苏省走进鲁迅课程基地项目组组长，兼南京鲁迅纪念馆馆长。参与编写《在阅读中成长》《鲁迅作品选读》《诗化的王国》等书。

跟我逛逛南京的书店吧

一

南京是一座历史文化名城，文化名城的标志之一就是书店多。的确，南京的书店很多，虽然不能与北京、上海等城市相比，大大小小也有几百家了，加之位置大多比较集中，往来方便，避免了长途奔袭之苦，更给爱书人买书逛店提供了极大便利。假如以坐落在南京大学旁青岛路上的万象书坊为圆心，用一个超大圆规画一个半径为1.5公里的圆，可以说，南京最富特色的一些书店基本都在其中了。

先说圆心所在的万象书坊吧，这只是就地理位置而言，并非说，它就是南京书店的龙头老大。万象书坊是继先锋书店之后在南京兴起的又一家人文社科书店，早先位于汉口路的东头，而后搬到了西头，最后拐了个弯，定居在青岛路上，不论怎么迁，总归"抱"定南大不放松。书店主营人文社科类的书籍，品种多，更新快（可能与其兼营批发有关）。店堂虽然面积不大，却能很好地利用空间，这一点很接近英伦书店的风格——向地下开拓，增加了高度，从而分隔出层距不高的两层空间。走进店门，正中是摆放新书的低矮书桌，周边是半人高的书柜，柜子里插满了书，上面横横竖竖也堆满了书，四周沿墙的书架亦是顶天立地。虽然空间拥挤了些，但站在万象书坊的店中心，环顾四周，真有种坐拥书城的感觉，堆砌的"城砖"也似乎摇摇欲坠，随时可能倾颓而下将你压垮。呵，果真如此，倒也不失风雅了。

沿着青岛路南行便到了广州路，右拐直走，经过广州路与上海路交会的十字路口就到了全国闻名的先锋书店。书店主营社科人文类书籍，文学、文化、政治、历史、经济、法律、哲学、心理、地理、教育、古籍、艺术、收藏等等，大体按内容分类排放；商务印书馆、三联书店、中华书局、上海古籍等大出版社的书籍也有集中的专柜。身为南京民营人文书店的老大，先锋书店的确有其诸多与众不同之处。首先，其地理位置就很独特，它是由原先五台山体育馆的地下停车场改建而成，在地下，也像在山中。由于除了入口大门，别无门窗，这里空气流通不畅，呆久了不免有阴湿郁闷之感。不过，好在只要不靠近卫生间，扑鼻而来的多是书香，对于爱书人而言，亦可以算作清福了。书店面积很大，且是瘦长形，一路行进仿佛穿行于画廊，又恍若船游三峡，两边风光让人目不暇接。经历了近二十年的风风雨雨，先锋书店有此规模颇不容易。早先曾蜗居于南京城南的一条小巷，不久又临时栖身于太平南路上的简易棚，后来落脚于广州路东头紧靠南京大学宿舍区的二层小楼上，最后才定点于广州路西头的五台山。都知道人文书不赚钱，所以书店经理钱晓华动足脑筋，才使先锋有了今天的成熟与壮大。他自己也是读书之人、爱书之人，因此能切身体味读者的喜好与需求。除了让不同等级的会员享受尽可能多的折扣，再时常弄些打折促销的活动外，先锋书店还有众多吸引读者的贴心之举：店门口的雨具存放架给读者提供了方便；一进门靠近收银台的地方，摆放了许许多多各式各样的创意产品，书包、笔袋、笔筒、笔记本、信笺、水杯、招贴画等等，精巧的设计足以满足不同读者的需求；书店经理钱晓华的私人藏书被摆放于收银台的玻璃橱窗及书店穿堂处的书架上，彰显出店主的阅读品味与个性气质；在店堂右手的一面长墙上，挂满了大小不一的相框，相框内全是有关人文艺术经典潮流的黑白摄影，配合着殿堂中央一台平面电视上播放的艺术电影，颇能迎合小资口味；店里的导购员能引导你找到需要的图书，还能以很自然的方式给予你比较专业的介绍……略有不足的是，在先锋刷卡买书只能刷兴业银行的卡，这多少不便于其他银行卡的用户了。

出了先锋书店往广州路东头直走，经过南京市儿童医院，在南京大学宿舍区后门不远处有一家名叫尚文书坊的书店。书店经营特色与先锋、万象相近，都是主打人文社科类图书。由于其后台是江苏省新华书店批销中心，所以店面虽不大，图书种类却也不少。其提供给会员的最大折扣与先锋一样，都是七五折，在南京书店中算是让利最多的了，加上紧挨着南大宿舍区，故而也能有较为稳定的客源。不过，早先书店面积颇大，以收银台为中心分为左右两片，后来经过两次收缩调整，如今只剩下一半面积了，原来那一半已让渡给了一家网吧，这多少也可以看出人文书店生存之艰难。

二

出了尚文书坊，往左走经过法律书店、品雨斋书店走到广州路的最东头，来到与中山路交汇的十字路口，右拐上中山路，再往前走两个路口，就到了南京最繁华的中心商业区——新街口。在新街口广场左向入中山东路，沿路东行，有三家大型书店依次排列。先是南京最大的民营综合书店大众书局。书局大楼共有四层营业空间，按书籍内容分类布局。顾名思义，大众书局自然是要满足各层次大众的阅读口味，故而其流行畅销书的品种也最为齐全。值得一提的是，据说大众书局的经理是一位连环画收藏爱好者，因而书局里开辟了新版连环画专柜，近年来旧版新印或是新出的连环画大都能在这里买到。离大众书局不到两百米就是南京市最大的新华书店，又称中山东路新华书店或南京书城。这家国营老店一直是南京市书籍销售的中心，即使近年来民营书店不断兴起、促销手段日益猛烈，也没能撼动它在书店行业中的大哥地位。历史最悠久，规模最庞大，品种最丰富，位置最优越，是中山东路新华书店不可取代的优势。书店将文学、社科、儿童、教育、医药、科技、艺术、音像等几大类出版物分别布置在三层楼的营业大厅里，数千平方米的空间内经常是熙熙攘攘人头攒动。说到大型综合性书店，顺带可提一下前年开业的凤凰国际书城。书城位于湖南路与中央路的交汇处，地处南京市第二大商业中心，位置优越，人气旺盛。早先这里是江苏省外文书店，不远处还有一家规模较大的湖南路新华书店，如今这两大书店都已不在，凤凰国际书城取而代之，占据了湖南路商圈文化中心的地位。书城共四层，建筑新颖，光明敞亮，图书的布局结构类似于新华书店和大众书局。由于凤凰书城是江苏省凤凰传媒出版集团的下属零售中心，所以苏版图书在这里是最为齐全的了。不过，虽然中山东路短短两百米之内集中了南京最大的民营书店和国营书店，虽然凤凰国际书城近在咫尺，我还是不常来这儿购书，谁让它们大得让人无所适从，又人多拥挤，折扣不高呢。

沿中山东路继续东行，经过规模较小的教材书店，在中山东路与太平南路交汇的十字路口便是南京外文书店了，自从玄武门的省外文书店关门大吉之后，这家书店便成了南京市外文图书及音像制品销售的中心。

从南京外文书店右拐上南北向的太平南路，往南前行大约步行七八分钟，便来到了杨公井，这里有南京历史最悠久的书店之一——古籍书店（也曾叫过古旧书店）。这座两层楼的书店处于一个小十字路口的拐角，建筑有民国味道，门面不大，青石砖墙，烫金的匾额，被高大的梧桐树掩映，幽深静谧，看上去和它的名字一样古老。书店一楼销售新版书，分为艺术书和古籍书两大块，古籍图书主要销售中华书局、上海古籍、齐鲁书社、岳麓书社、黄山书社、凤凰出版社、中国书店等各大古籍出版社的图书；二楼销售旧版书，主要是出版社与书店积销的特价书和少量从私人或图书馆回收的旧书，此外还有一专售线装书的小间。吸引许多资深淘书客的地方主要是二楼，为的是在重重故纸堆里发现让人眼前一亮的珍稀旧版书。古籍书店在南京书店行业里具有两大特色，一方面专营古籍文献方面的图书，另一方面它是南京唯一一家销售特价书与古旧书的国营书店。这两大特色都离不开一个"古"字，加上它地处城南老城区，建筑又是老建筑，每每在店外驻足，总好像面对一位身着长袍马褂的老学究。近几年，古籍书店也做过几次翻新修整，门窗焕然一新，店堂更明朗豁亮，仿佛老学究也换上了西装，戴上了时髦的无框眼镜，而内里老成持重的古意和雅致清新的文气还没有丧失，每当踩着木楼梯伴随着嘎吱嘎吱的声音登上二楼，在特价旧书区流连，总感觉回到了郑振铎们淘旧书的时代。

在太平南路上离古籍书店不远，还有少儿书店与音像书店。这两家专营书店都属于新华书店系统，营业面积有限，店里经营的图书品种可能还没有中山东路新华书店相应的少儿专柜和音像专柜多吧。

三

现在，让我们回到最初的圆点——青岛路上的万象书坊，换一条线路走走。刚才从万象书坊出来南行时，不出二十米就有一家小小的学人书店。别看它店面小，在南京书业的地位可不小。甚至可以说，它是南京现存私营旧书店中经营时间最长的一家了。书店老板阚伟早先与南京私营旧书店的开路先锋戴永祥合作，在戴的华章旧书店里帮忙，逐渐摸清了路数，于是独立出来自己开店。如今华章旧书店因一场火灾损耗元气，早早退出了旧书业，学人书店却已经挺立了约十个年头。与学人相仿的旧书店在南大附近还有好几家：如前面曾提到的广州路上的品雨斋书店；还有自学人沿青岛路北上，在第一个小路口处左拐，来到陶谷新村，前行数十米就有两家旧书店——唯楚书店与潇湘书店；稍远一点的雅籍旧书店，在近香河路上，自学人步行到那儿也不过二十分钟。旧书店一般规模较小，书籍种类比较集中，大都是社科人文类图书。稍讲究一点的旧书店，如学人、唯楚、雅籍等，还能按类摆放书籍，其他的大多都是把书混放一处。读者逛旧书店一般是想买一些廉价的旧书，或是淘一些市面上早已不见踪影的绝版书。每当踅进那昏暗拥挤的空间，在书架间侧身，上下而求索，蓦然间与一本自己心仪已久的书不期而遇，那份淘书的乐趣是在其他任何书店体味不到的。来逛旧书店的大都是爱书人，而旧书店老板也一般都很懂书，一肚子淘书经，与他们聊上几句颇能分享些爱书的体验，使淘书的过程充满了人情味儿。对于旧书店，老顾客最喜欢的就是不断有新品种上架，所以有些旧书店里的"每周新书"专柜是最吸引人的地方。而与其他书店相比较，做旧书生意最大的困难就在于货源不稳定。等着收购私人送上门的家中旧书,比守株待兔强不了多少。所以旧书店老板们必须要有对书籍敏锐的嗅觉,哪位藏书家想转让一批旧藏,哪位老教授去世家人想出售其藏书,哪个单位图书馆要清仓大处理……诸如此类的消息他们一定要抢先知道,主动出击。据说旧书店的老板们为了组织货源,每周周六天没亮的时候就要去摸黑赶"鬼市"(南京私人卖旧书的摊点曾集中在王府大街靠朝天宫的一段,又称"鬼市",每周六凌晨两三点到六七点间开市,如今"鬼市"已经风流云散,鬼气不再)。许多书友赶"鬼市"淘旧书,买到一两本中意的书心里美美的,但其实他们所买到的不过是被扫荡后的残羹冷炙,绝大多数鬼市上的好东西已经被做旧书生意的老板们捋走了。你赶得早,他们一定会比你更早——这份起早贪黑的辛苦也不是一般人能承受的。有的老板还常常下乡或者到外地的旧书市场去收购旧书。好不容易收购来旧书,还要经过一番处理,不干净的要稍稍清理一下,让书出新;每一本书还要贴上新的价格标签——定价也是一门学问,懂行的老板知道什么书能卖出什么价。旧版书的消费者比新版书自然少得多,为了增加销售量,除了增加特价书的销售外,这些旧书店还开辟了另一条销售途径——网络。在中国最大的旧书交流网站"孔夫子旧书网"上,学人、潇湘、唯楚、品雨斋、雅籍等旧书店都可以找到。

在陶谷新村,出了潇湘书店往前走两步,就是复兴书店,这是南京市最有名的特价书店。特价书大都是一般书店卖不出去的积销书,积销不仅因为书不好,更多是因为印量与需求量之间不协调。所以在特价书店里也能买到很多有价值的好书。连人民文学、中华书局这样的名牌出版社的图书,包括新书,在复兴书店都有专柜销售。除了书本身的价值,最吸引人的还是"特价"二字。私营新书店一般的折扣是八到八五折,国营书店能买到9折书就不错了,在特价书店却能买到2～5折的书。逛特价书店最常听到的感慨就是："哇，这本书我前几天是原价买的，在这里才这点儿钱！"复兴书店之所以有名，主要是因为其销售的特价书档次高、品种多、更新快，其较为宽敞的营业空间也避免了在一般特价书店很容易产生的拥挤气闷的感觉。位于南大与南师大之间，复兴书店有着非常稳定的客源。为了应对读者的需求，书店把特价书市场上几乎所有具有一定档次的人文学术类书籍都搜罗过来了；为了增加文化气息，书店的二楼还开设了一个小小的画廊，时常办些书法绘画展览。对于囊中羞涩的普通大学生而言，复兴书店无疑是绝好的淘书去处。

四

出了复兴书店西行两百米不到，在大路口左转入上海路，沿上海路南行经过两个大路口继续直行就上了莫愁路，再走大约一站路的距离就来到了朝天宫。这里有南京市的旧货一条街——堂子街。堂子街上一条叫张公桥的小巷子里有一家天宫书店，这是南京市最大的特价书店，也兼营旧书。据说天宫书店和复兴书店的老板是兄弟，早先都在朝天宫摆旧书摊，十年前哥哥开了天宫书店，随后弟弟又办了复兴书店。天宫书店约有四百平方米的营业面积，是南京市特价书的集中地，批零兼售。书店图书品种虽多，却良莠不齐，书籍摆放有些无序，环境也秉承了旧货一条街的脏乱，不如复兴来得干净舒服。

每逢周末，坐落在仓巷的朝天宫文化市场总是人头攒动熙熙攘攘。这里是南京市收藏品交流的集中地，除了两层楼的文化市场，里面不少收藏品专卖店外，楼外空地上还有上百个露天摊位。原先王府大街鬼市上的地摊，有不少就转移到了这里。仓巷里还有五六家旧书店，旧书旧杂志堆得顶天立地，多而杂乱，想淘到好书还得碰运气。如今，古老的仓巷在大规模拆迁，那几家旧书店就夹杂在一片片的建筑垃圾和工地之间，不知道它们还能坚持多久。

到朝天宫沿上海路南行上莫愁路，换个方向，沿上海路北行经过与北京西路相交的十字路口直行就上了云南路，继续前行，在第一个大十字路口左拐上中山北路，前行不到两百米就到了号称华东地区最大的图书批发市场——长三角文化市场。这里汇集了大大小小上百家书店，批发零售兼营。所有书店零售均有折扣，一般是八折，也有更低的。文学类、艺术类、经济类、法律类、科技类、计算机类、教辅类、考研类、儿童类、动漫类、杂志类、医药类、收藏类……不同书店都有各自的经营方向，读者来此也可各取所需。遗憾的是，这里的书店布局较乱，不是按类排列，销售同一类书籍的店家往往分散在不同的地方。由于大多是个体经营，这里书店的销售方式比较灵活：规模较大的书店搞起了会员制，不同级别的会员享受不同的折扣，最低与批发价接近；有的小书店常来常往跟店主搞好关系，还能花更少的钱买书，或是买到抢手书。每到周末，这里人烟辐辏，大多是大中小学的学生，往往都带着目的结伴而来，满怀收获欢喜而去。

2011 年 8 月

读刘旦宅国画彩绘《李时珍》札记

封　面

喜欢刘旦宅的《李时珍》是从封面开始的。

花木丛生，林莽茂密，线条与墨色分出了疏密浓淡的浅深层次。浓暗衬出了浅淡，稠密凸显了疏朗，繁而不乱的背景不但没有淹没中心人物，反而更将中心人物烘托了出来。你瞧，一身素衣的李时珍牵驴荷锄，几丛白色的山花隐隐地围了个圈，众星捧月般托出了主人公，他的脸上带着自得的微笑，或许这草木的世界正是他最感舒心惬意的天地。

人物处于画面的中心位置，却不是正中间。可以设想一下，如果是正中间，一则显得刻板而不自然，再则与旁边的白底书名题签凑在一块儿，两块大白扎堆，多不协调——可见封面的图画与题名该是整体设计的，自然和谐才好看。

扉页与封面的书名题字，敦厚与瘦硬兼备，看样子都是出自刘旦宅自己的手笔，但却不是同一幅字。封面的略疏朗些，与繁密的画面相搭配，扉页的略紧凑些，与空阔的背景相呼应，也许不是作者刻意为之，但些许的变化差异却与各自的背景和谐地整合为一体。

构　图

一幅绘画作品首先给人以视觉印象的是它的整体构图，也许具体的形象还没看分明，但画中形象的位置分布已经在作用于读者了。所以"经营位置"一直是画家在创作中特别讲求的一个重要环节。

除非有什么特别的用意，一般来说，画面不宜太过稀疏，这显得单调，也不宜太过密实，这看得太累；最好能疏密得当，既有丰富的内容，又能叫人透得来气。所以，烟云，水面，白墙等形象在画面中常常以留白的方式成为了与密实物象相搭配的成分；或者直接就以合理的取舍制造出画面空档。画面的重心最好比较稳定，结构最好比较匀称，否则落差太大会造成失衡的阅读感受。比如说，书中第1—4图都很好地运用了对角线呼应的构图方法，画面四角借助于画中的形象遥相呼应，停匀和谐，自然而不显刻板。刻意的匀称有时会造成齐整划一似的呆板，所以人与物的布排也要自然些，你看，第1图与第2图中的人物均构成稳定的三角形，但人物的布排都是错落有致；第5图人物多而不乱，曲线型的位置安排形成一种自然流动的效果。

对于连环画而言，构图还要更讲求画面与画面之间的变化与呼应。每一幅画面的方框就好像是摄影机镜头中的取景框。除了简单地移步换景外，摄影机的机位要根据情节的发展而变化，取景的范围也应随着需要而调整，所以就有了变换的视角和景深。当然，连环画的故事情节是连贯发展的，画面与画面之间也应该注意前后的呼应，不能让故事中人物的特征和道具摆设也随着画面的变化而随意变化。连环画同样要避免"穿帮镜头"。《李时珍》中有三组场景集中的画面：一是10—15页在老庞家给小溜的母亲看病，画家以视角的变化避免了构图的单调；第二组是58—62页在破庙与赶车老乡的对话，视角和取景的变化与人物动态的变化相结合，使得整个场景静中有动；第三组是66—71页在武当山与一伙道士的对峙，首尾取中景，中心段落取近景，开始的扑面而来与结束的飘然而去相照应，而人物高低远近的位置变化又体现出人物或凶神恶煞或正气凛然的不同状貌。

形　象

平日里读图看画，在人物造型方面，不太喜欢两种情况。一种是泥古不化，缺少自己新鲜的构思，表面看上去花团锦簇热闹非凡，其实走的多是前人的老路，按照定型的动作模式套下来，一旦套路化程式化了，就容易让人产生审美疲劳。这在民国时期的连环画中表现得非常明显，五六十年代部分古典题材的连环画也难免有此类情形。另一种情况是如旧式照相般的定格摆拍，人物板正僵硬，即使技法再高妙，形象再写实，纤毫毕现，丝丝入扣，也不免少了些灵动的色彩、鲜活的气息。这在许多学院派的人物大画中多有表现，这样的作品多是照着模特儿描画出来的，就像看时装秀，就算她脸蛋多么漂亮，身材多么曼妙，一瞧那失魂般的淡漠眼神，也会叫人敬而远之。

喜欢刘旦宅就是喜欢他既不套路化，也不模特化，人物的一举一动一笑一颦固然有提炼有加工，却全然源于生活，自然生动，有灵性有气韵，是地地道道的"生活化"。郑万泽先生在《画家刘旦宅散记》中曾提到：最初欣赏到刘旦宅绘画天赋的是一位小学校长，他引领刘旦宅去关注现实，要刘旦宅去画民众，画生活。后来刘旦宅的作品，无论是现实、历史还是神话题材，都有着浓厚的生活情味，这绝不是偶然的。痴迷于绘画的刘旦宅，又有着随时随地画画的习惯，只要一有空就画，寻找灵感，捕捉造型，积累素材，有纸有笔就在纸上画，没纸没笔就在大腿上画，甚至在虚空作画。这样的练习与积累使得刘旦宅笔下的人物造型，比起其他大多数擅长古典题材的连环画家，显得更加姿态万千，偃仰起伏，举手投足，既比例准确，又生动鲜活。

喜欢刘旦宅还在于刘旦宅笔下的形象常有着一种超越于现实苦难之上的精神气质，带有理想化的色彩。病痛中的百姓，常常是不放弃生活的希望；山野里的农夫，常常是自在舒坦，乐观爽朗；小孩子往往是活泼可爱，善解人意；老人家往往是慈眉善目，精神健旺。清秀俊美的形象消解了现实的丑恶，灵动的线条、温润的笔墨则超越了现实的黑暗。

也非常喜欢刘旦宅多变的线条与挥洒的笔墨，但总觉得，如果脱离了形象，线条笔墨也失去了依托，从而无从欣赏。

风　景

1956年，26岁的刘旦宅被聘为刚成立的上海国画院首批画师，这一纪录至今未被打破，恐怕也会是后无来者。在国画方面，他主攻人物，但山水草木、鸟兽虫鱼也都能拿得出手。与国画大师陆俨少亦师亦友的关系，也使得刘旦宅在山水画方面得益颇多。戴敦邦曾遗憾自己在山水画方面的不足，以至作品中的景物描绘常有捉襟见肘之感，这种不足对于刘旦宅是不存在的。

李时珍遍访草药跋山涉水的情节为刘旦宅发挥其在写景造境上的优势提供了足够的空间。1980年上海人民美术出版社在深圳举办了一场出版社藏画、原作及书籍展，展出了包括贺友直的《十五贯》、陈逸飞的《药》、方增先的《孔乙己》、施大畏崔君沛的《李自成》等在内的部分连环画原稿。老连环画画家洪斯文观看了展览后带着兴奋的心情写下了一篇《看"无声戏"杂记》的文章，发表在当年的《随笔》杂志上。文中洪斯文动情地写道："刘旦宅的画倾注了火一般的激情，迅即把观众带进画境，仿佛同李时珍一道在攀崖越涧，考察大自然——时而，又随着他拜访农夫，研究草药的形状和性能；时而又同樵夫、猎人一起，解剖穿山甲，探寻山禽野兽的生活习性和药物的作用。在那些生活气息极其浓郁的画幅中，嬉戏着的羔羊，面带稚气的村童，奔驰着的猎狗，以及飞瀑倾泻，溪水淙淙……一幅幅清旷幽奇、自然真实的山野美景，却有令人如身临其境之感。"

服　色

连环画中人物的衣着应该有点讲究，总不能画家偷懒带着笔下的人物也有了惰性，从头到尾只穿一套衣服，当然也不能变来换去，使得读者乱花迷眼分不清谁是谁。最好能在风格统一的基础上，随着时间场景的变化也有着些许的变化。以此来看这套《李时珍》，还是符合了"风格统一"和"随时而变"的标准。

看全书，随情节发展，除了服装款式上略有变化之外，主人公服装的色彩也有着绿、青、白的三色变化。或许可以依据衣服的颜色将故事分成几个阶段。童年时的李时珍穿着淡绿色的衣服，青葱稚嫩，符合孩童的天性特征，绿色也是草色，打一开始就奠定了李时珍与草药相伴的人生基调；青年的李时珍身着浅蓝色的一袭青衣，多了份成熟干练；中年的李时珍或白衣或青衣，白的素淡，青的淳朴，都是挺雅致的色彩；白衣伴随着晚年的李时珍直至生命终了，质本洁来还洁去，纤尘不染的白，或许也象征了返璞归真。

如果结合活动场景来看主人公的衣着，可以发现场景与衣着色彩间有着一丝隐隐约约不甚清晰的联系：当李时珍身着浅蓝色青衣时，大多身处室内（含车内）；而大凡在山野林莽的自然中时，李时珍又多是一身白衣，只有第29图是个例外。揣测画家用心，或许正是为了突出主人公的形象。一屋之内，白墙、白帐、白屏风，与青相近的色调不多，故而周遭环境可较好地衬出青衣的人物；也正因此，少数李时珍着青衣在室外的图画，背景色也常常是白色，如前面所说的第29图。而山野林莽间，草绿石青，多为与青衣相近的色调，故而此时换为白衣则更能凸显李时珍的形象；也正因此，即使人物在室内身着白衣，画家也多以别色的器物或暗影来进行烘托。这样的安排处理，多是为了表现人物，有意无意之间，自然而不显刻意。

结　缘

说起来，刘旦宅与李时珍结缘还是很早的事。

据郑重先生的《刘旦宅和他的画》一文，二十世纪四十年代初，刚读完初一的刘旦宅因生活所迫，不得不放弃了学业而转投一位姓徐的老中医为师。面对着堆满名词术语的医书，爱好画画的刘旦宅傻了眼。特别是那厚重的《本草纲目》，背诵起来更难。他恨死了这个叫作李时珍的古代老头。于是，顽皮的刘旦宅画了一幅丑陋的李时珍肖像画来报复解恨，谁叫他让自己费尽脑细胞呢！没想到，老师看到了这幅画，狠狠地把刘旦宅批评了一通。在这件事后，饱读诗书精通书画的徐老先生认识到刘旦宅在绘画上的才华，于是一边教他中医，一边着力培养他的画艺。刘旦宅医学没多大长进，画艺却是节节攀升。几年后，正是这位老中医把年轻的刘旦宅送到了大上海。

如果说，最初与李时珍的接触是结怨的话，那么三十多年后刘旦宅再画李时珍则是感恩与还愿，报答老中医的知遇之恩，表达对李时珍的歉疚，也是对那一段往事的纪念。不再是当年丑八怪的样貌，国画彩绘连环画《李时珍》中的主人公，年轻时是清秀俊朗，风神出众，年老时则童颜鹤发，慈祥可亲。刘旦宅把人间至美的形象赋予了这位心系苍生的一代名医。这表现了画家在更高层面上对笔下人物的认识理解，也寄托了画家多少年积蓄起来的人生感怀。

纵览刘旦宅笔下的人物，无论是和自己一样家境贫寒刻苦学画的王冕，还是大观园中出淤泥而不染的女子，无论是品质高洁忧国忧民的屈原，还是豪气盖世英雄失意的项羽，大多是饱含了作者或同情、或敬仰、或不平、或向往的生命情感。有深切的生命体验便有真切的情感，有真切情感的作品方能打动读者。

2012 年 4 月

从林冲的样子说起

一

　　文学是语言文字的艺术，它不像音乐艺术直接作用于人的听觉，也不像绘画艺术直接诉诸人的视觉，更不像影视艺术能给人以多种感官的全方位感受。对于文学来说，语言文字只是一种符号，或者说媒介，读者（接受者）借助于这样的符号媒介去感知文章中所蕴含的思想情感、哲思理趣、精神韵味，同样也是借助这样的符号媒介在头脑中生成作品所塑造的艺术形象与艺术境界。都说"一千个读者就有一千个哈姆雷特"，这一方面是说不同的读者依据自己的生活体验与文化背景对文学人物形象会产生不同的理解与认识，另一方面也是表明每个读者在心中都会生成一个属于自己的文学人物的肖像，他（她）的高矮胖瘦、音容笑貌、谈吐举止等等，读者会根据作品的描述与自己的审美体验去想象与还原。这正是接受美学所关注的问题——从文学接受角度去探讨作者、作品、读者之间的彼此联系而又相互生发的关系。用接受美学的理论来说，就是作品的最终完成还应包括读者的再创造的过程。近来在电视荧屏上热播的"红楼选秀"节目,其实也正是广大的读者依据自己心目中所还原出的文学人物形象去选择与之相称的影视演员,整个选秀节目正是读者的群体性艺术再创造。

读者心目中的文学人物形象有时千差万别,有时也会有趋同的倾向。我平时喜欢读画,特别喜欢品赏与文学作品相关的人物画、故事画。绘画作品中的人物形象既代表了画家对作品的理解,往往也代表了广大读者对文学人物的理解。因为许多画家特别是古代的民间画家,在塑造人物形象时大都迎合了读者的接受需要,而他们所塑造的绘画形象一旦与作品相联系(如插图之于作品)反过来也会影响广大读者对文学形象的还原。

二

在读书品画的过程中,我发现对于《水浒传》中林冲这一形象的解读存在着一个很有趣的现象。从古至今,从明代陈老莲的《水浒叶子》,到明末清初各种《水浒传》刻本的版画插图,再到当今以戴敦邦为代表的许多画家对水浒故事的演绎,几乎所有画家笔下的林冲都是浓眉大眼、英武俊朗的样子,如果有胡须,也只是白面微髯,类似于人们对赵云、秦琼、岳飞等人物的认识(参见附图1—5)。而实际上,在施耐庵笔下,林冲却是这样一幅状貌——"生的豹头环眼,燕颔虎须,八尺长短身材,三十四五年纪"。这个样子简直是一个活脱脱的张飞,在《三国演义》里,张飞是"身长八尺,豹头环眼,燕颔虎须,声若巨雷,势如奔马"(参见附图6—7)。的确,林冲几乎就像和张飞是一个模子做出来的,连两人使用的武器都一样——丈八蛇矛,所以林冲除了"豹子头"外,还有一个外号——"小张飞"。绘画作品对小说人物形象的塑造,正属于接受美学理论所说的读者的"再创造"。这种艺术再创造则体现出画家及大众对文学人物的理解和带有普遍性的审美倾向。当绘画形象与小说形象发生较大反差时，这期间就有许多有趣的问题可以探究了，而如果以此作为课堂教学的引导应该能启发学生对文学现象进行更深入的认识。

于是，在教授《林教头风雪山神庙》一文时，我把这一问题带到了课堂上。"在同学们的心目中，林冲是什么样子的？谁能给大家描述一下？"面对这一问题，同学们的反应很积极。有人说"英俊潇洒"，有人说"帅气"，有人说他应该是个白面小生，甚至有人结合香港电影中梁家辉扮演的林冲形象说他很"酷"。同学们的想象和历来绘画作品中反映出的大众的认识基本相同。所以，当我说出林冲其实和张飞长得一模一样时，几乎所有的同学都惊讶莫名难以接受。

在同学们反应激烈的时候，我趁机启发他们思考："为什么我们心目中的林冲会与小说的描述相差如此之大？""这种反差说明了什么问题？"在前面的铺垫下，同学们对这两个问题产生了很大的兴趣。当然，要思考这样的问题，我们必须得先研读文本，了解林冲在作品中的身世遭遇以及各种行为表现。于是，有熟读《水浒传》的同学向大家介绍了林冲的经历；于是，我和同学们一起讨论了课本中林冲由忍气吞声到买刀寻仇，由安心服役到血刃仇人夜奔梁山的变化。在对情节与人物形象有了充分的熟悉与分析之后，再来思考我前面提出的两个问题就有据可依了。

对于"为什么我们心目中的林冲会与小说的描述相差如此之大？"这一问题，经过热烈的讨论，我们得出了如下的认识：（1）我们心目中的林冲形是根据我们对林冲这一人物的理解和认识而想象还原出来的，由于大家对林冲形象的认识比较趋同，所以大家心目中的林冲样貌也比较接近。(2)从林冲的出身与家庭状况看,他是八十万禁军教头,虽习武出身,但毕竟也是个总教练,很难想象一个教官会是张飞的模样;何况林冲还有个温柔贤惠又美丽的妻子,两人相亲相爱,人们总会想象与美丽女子相配的应该是个英俊男子,这样的搭配符合大众的审美期待。(3)最主要的是,林冲的性格决定了大众对他的形象的想象还原。人们一般会认为,像张飞那样"豹头环眼,燕颔虎须"的人应该拥有刚猛、勇武、敢作敢为、果敢决断的性格,应该是阳刚之美的化身。而逼上梁山之前的林冲却给人以软弱苟且逆来顺受的印象,他想保住自己的身份地位、维持美满幸福的婚姻生活,退而求其次,他也只想老老实实,维持稳定的生活,为此他安分守己、忍辱负重。妻子遭高衙内调戏,他不敢找当事人算账,只把火发泄在陆谦身上;遭人陷害误入白虎堂被拿下大狱,还忍气吞声承认了罪状;被董超薛霸两个小差役一路折磨几乎害死,还不愿意反抗;在沧州安心服役,并不想改变现状。再加上林冲也是个精明细心的人,离开草料场不忘"将火炭盖了"锁上大门,见草料场倒塌还"恐怕火盆内有火炭延烧起来,搬开破壁子,探半身入去摸"。文章中几个细节便将林冲的性格真实地再现出来。他虽然武艺高强、耿直仗义,却也精细谨慎、软弱苟且,这样的性格很难与"豹头环眼,燕颔虎须"画上等号,所以人们对他的样貌又赋予了英武俊朗而略带柔和的想象和改变。

对于第二问"这种反差说明了什么问题?",同学们的讨论又深入了一层。大家认识到我们对林冲样貌的想象一方面是受到各种已有的视觉艺术形象(如绘画、雕塑、影视作品)的影响,这种现成的图像在某种程度上限制了我们独立的思考与感受;另一方面也是受到了典型化以至类型化人物观念的影响。中国传统通俗小说为了迎合大众的审美心理大都用典型化的方法来塑造人物形象,而典型化发展到极端就是人物形象的类型化脸谱化,小偷小摸者必定尖嘴猴腮,勇猛粗豪者必定膀大腰圆虬髯虎须,阴险狡诈者必定是三角眼加大白脸,英明神武者必定天庭饱满仪表堂堂……而这种认识人物的方式恰恰是将复杂的生活与人性简单化了。在欣赏文学作品以及体验现实生活时,我们既要看到事物的共性、普遍性、规律性,同时也要避免这种简单化、绝对化的认识。《水浒传》塑造林冲这一人物形象的成功之处正在于写出了他的性格复杂性和变化性。林冲既有耿直仗义的一面,也有安分守己的一面;既有精明强干、干脆利落的一面,也有忍辱负重、软弱苟且的一面。林冲最终由逆来顺受、委曲求全,走上了坚决反抗的道路。作者的成功之处就在于把林冲性格一步步的转变表现了出来,真实可信。

三

由上面的讨论,我们发现读者大众对林冲形象的改变既有其合理性,也有其局限性。接受美学的理论认为,影响读者对文学形象进行想象还原或者说艺术再创造的因素有很多,既有来自作品本身对文学形象的诠释限定,也有来自读者自身的阅读心理、审美习惯、文化教养的差异,更有整个社会所提供的文化背景、生活环境的区别。可以说,读者改造林冲相貌的合理性源于作品本身对林冲形象的诠释以及相近的阅读心理和审美习惯,而局限性则源于社会文化环境对个体独立想象与创造的限制。同学们在课堂上对林冲相貌问题的讨论在一定程度上正印证了接受美学的观点。

从林冲的样子说起,激发了同学们的学习兴趣,通过思考与讨论又加深了教师与学生对文本的解读和对文学形象的认识,进而启发学生去正确地认识现实生活。原先读书时还以为接受美学、符号美学等抽象的文艺理论与语文教学的实际相距很远,现在才发现自己刚刚已完成了一次接受美学的教学实践。

新课程课堂教学对于教师与学生来说原本就是一片无穷的天地,多一份积累、多一轮耕耘、多一点思考、多一些尝试,熟悉的土壤中也能生长出陌生的花朵。

2007 年 6 月

附图 1:明代著名画家陈洪绶(老莲)《水浒叶子》中的林冲。这幅肖像画对后世的水浒画以及读者的接受产生了极大的影响。

附图2：当代画家叶雄笔下的林冲，虽虎背熊腰、膀大腰圆，但相貌与"豹头环眼，燕颔虎须"迥然有别。

附图3：当代画家戴敦邦笔下的林冲。比起戴敦邦先生早期的作品（如《水浒一百零八将图谱》《戴敦邦水浒叶子》），这幅选自《戴敦邦新绘水浒人物谱》的林冲肖像已经更多了些"江湖之气"。

附图4：当代画家卜孝怀笔下的林冲（出自人民美术出版社《水浒传》连环画）。即使是在风雪之夜逼上梁山的悲壮情景下，林冲的脸上仍有着一丝的"柔弱"。

附图5：日本漫画家笔下的林冲，眉眼间多了些刚烈，正符合林冲血刃仇人之后热血沸腾的心情，然而英俊硬朗之气仍然与"豹头环眼，燕颔虎须"有别。可见异域读者对林冲形象的再创造也没能与原著吻合。

附图6：当代画家刘锡永笔下的张飞（选自上海人美《三国演义》连环画），代表了中国读者对张飞形象的普遍认识，也是对"豹头环眼，燕颔虎须"的准确还原，很难想象林冲就是这样一幅相貌。

附图7：当代画家叶雄笔下的张飞，与前面同作者笔下的林冲的差别一目了然。

尺寸天地有文章

当现在的儿童醉心于卡通漫画或是精美的绘本时，他们可曾想过，也有一种图文并茂的读物曾经陪伴他们的父母度过童年时光。

二十世纪五十至七十年代出生的中国人，恐怕大都不会忘记那一段与"小人书"（连环画）相伴的岁月——那是他们珍藏的"宝贝"，是他们盼望的生日礼物，是他们耗费时日一本一本聚沙成塔累积成套的"宏伟工程"，是他们从中获取有关历史、有关真善美的最基本的知识和思想的窗口，是他们花上几分钱便可以在出租书摊边度过一整个白天的消遣……作为宣传工具，连环画以通俗易懂形象生动的图画向广大老百姓传达了党和国家的大政方针和主流思想；作为普及文化、培养基本道德观念的载体，连环画以活泼有趣、寓教于乐的形式奠定了一代又一代中国人学校教育之外的知识储备与价值观的基础；作为娱乐方式，在出版市场和大众媒体还不发达的时代，连环画成为了少年儿童最有"文化层次"的一种消遣品；作为艺术样式，连环画成为许多画家施展艺术才华的天地，而且还以其艺术化的表现培育了大众的审美情趣同时也被大众的审美情趣所影响。

中国连环画在二十世纪五六十年代与八十年代初期经历过两次兴盛与辉煌。一本小小的64开或60开本连环画的发行量少则数万册，多则几百万册。一些热门常销作品，如《西厢记》《孙悟空三打白骨精》《鸡毛信》《山乡巨变》《钢铁是怎样炼成的》《岳飞传》《三国演义》等等更是多次再版重印。据说上海人民美术出版社出版的《铁道游击队》重印二十多次，累计发行量达到了三千六百多万册。面对数以万计的品种，几乎没有人能准确估计出新中国连环画出版物的总印量将是怎样的天文数字。

曾几何时，几度辉煌的连环画走向了衰落。在不知不觉中，那些与连环画相伴的儿童长大了，成家了，于是抛下了这些幼稚的玩意儿；而八十年代中期以后成长起来的儿童渐渐被动画片、卡通书转移了注意力，于是连环画默无声息地退出了历史的舞台。连环画在八十年代中期之后走入低谷的原因很多，一方面大众传媒与娱乐方式日益丰富，原来连环画宣传、教育与娱乐的功能有了更新更有吸引力的替代品；另一方面也是由于连环画创作出版自身的问题，媚俗化粗糙化泛滥化的趋势使得连环画失去了本已培养起来的大量的读者。

然而，出乎绝大多数人意料的是，二十世纪末二十一世纪初，以人民美术出版社和上海人民美术出版社为两大出版中心，一阵连环画再版的热潮又被掀起。其实，早在这阵热潮之前，退出大众视野的连环画，已经逐渐成为了收藏界的新宠儿。而能成为收藏品，必然源于收藏对象自身的价值和文化内涵。

作为时代生活的反映，连环画见证了新中国三十多年的成长历史，万千世象，国计民生，社会生活的方方面面均在连环画的尺寸天地中得到了生动鲜活的描摹记录。于是，连环画便具备了丰厚的社会历史文化的内涵。"文革"题材之所以一直是连藏界的大热门，正在于我们能借助这扇窗口以生动直观的方式呼吸到那个时代的空气，感受到那个时代的文化脉搏。

作为文化知识的普及读物，连环画的题材包罗万象，民间传说、革命战争、历史题材、现实故事、文学名著、名人传记，古代的、现代的、中国的、外国的、成人的、儿童的、现实的、虚幻的，只要是你能想到的具有情节性故事性的内容都能以连环画的形式呈现，所以连环画又能满足口味不同的读者的阅读需求。在收藏界，有人以专题的方式收藏连环画，古典名著、农村生活、革命战争、外国文学等均是热门的题材。

更重要的是，连环画是一种综合了各种绘画表现形式的艺术品，中国画、油画、版画、水彩画、水粉画、丙烯画、剪纸画、素描画、速写画、漫画等等都可运用在连环画的尺寸天地之间。就最为读者欢迎的中国画而言，不论是传统白描，还是浓墨重彩，是工笔写真，还是水墨写意，都可以在连环画中大显身手。除了许多职业连环画家外，连环画也吸引了许多专业画家在这个领域内展现才华。在学院艺术远离群众的情况下，连环画无疑成为了对大众进行艺术熏陶审美教育的最佳阵地。多少人正是在连环画的熏染下，激起了对美术的兴趣，通过临摹连环画走上了艺术道路；而多少艺术家将连环画作为自己艺术道路的"训练场"和"试验田"，通过连环画创作的实践锻炼，其造型能力、构图技巧不断得到丰富与提高。早在新中国成立以前，鲁迅先生便曾预言连环画中可以产生中国的米开朗基罗。时至今日，我们虽然没有看到中国的米开朗基罗的诞生，但如果粗粗地扫描中国美术界，我们可以发现多少艺术大师或在连环画界留下了足迹，或从这里开创了自己的艺术天地。徐燕荪、吴光宇、陈少梅、刘凌沧、关山月、叶浅予、蒋兆和、华君武、黄胄、刘继卣、程十发、陆俨少、潘絜兹、顾生岳、刘文西、周思聪、谢振鸥、方增先、范曾、丁聪、刘大为、刘国辉、杜滋龄、刘旦宅、戴敦邦、林墉、冯远、施大畏、詹建俊、赵延年、陈逸飞、陈丹青、罗中立、陈衍宁、沈尧伊、徐芒耀、何多苓、俞晓夫……这一长串难以穷尽的名字几乎可以撑起新中国美术界的半壁江山。连环画具备了异彩纷呈永不磨灭的艺术价值和审美价值。研究中国现代美术史不可不关注连环画，研究美术家的成长道路也不可忽略连环画的影响。

当然，岁月的磨洗，使得许多连环画已经不复存在，使得有些连环画成为了稀缺的珍本，特别是年代早、印数少、品相好的连环画更是价高难求。许多好品老版连环画的市场价已经是原定价的成百上千倍。即使是一些近年来再版的连环画，由于其印数少、制作精良、限量发行，也具有了极大的增值空间。比如说，上海人民美术出版社2003年出版的50开小精装再版连环画《穆桂英》，原定价13元，如今一册全品书的市场价已经超过了1500元。于是，连环画收藏在历史文化价值、知识趣味价值、艺术审美价值之外又多了层经济价值。于是，连环画收藏界也吸引了一批投资者的加入。

连环画成为一种收藏品，逐渐培养出了连环画的需求市场。这样就有了我们前面所说的世纪之交的连环画再版热潮。这阵热潮延至今日，在许多出版社的陆续加入、民间文化企业和个人的推动以及新的连环画创作力量的崛起之下，不但没有消退，还愈演愈烈更为壮观。

原先连环画是一种儿童读物，而如今购买阅读欣赏收藏连环画的主要是成年人。现在有人收藏连环画是为了怀旧，触摸着小小的熟悉而陌生的画本，回到童年，重温儿时的乐趣；有人收藏连环画是为了增值，奇货可居，待价而沽，说不定能有可观的收入；有人收藏连环画就是为了好玩，为了读图赏画的乐趣。当然也有人是综合了多种的因素。

怀旧情绪会随着一代人的过去而消逝，聚书增值也只会是少数人的追求，连环画是否会在现今的再度辉煌之后又再次走向衰落？我想，连环画的命运可能会有起伏波折，但是她绝不会轻易地消亡，只因为这尺寸之间有着永恒的文化，永恒的艺术，永恒的生命。连环画吸引人的魅力究竟何在？这是我近来常常思考的问题。就个人而言，最吸引我的是一幅幅图画中洋溢着的鲜活气息与生命精神，这种鲜活气息与生命精神一方面来源于画家对人物勾魂摄魄式的刻画，另一方面则来源于画面环境背景中所呈现出的逼真的"文化气息"与"现场感"，再一方面也来源于精彩的细节所表现出的情趣或者精神。高明的连环画家，不仅仅是用图画在讲述故事，更是用一幅幅连续的画面营造出一个活生生的世界！个人的视野经验总是褊狭的，而当我们面对不同画家所创造出的异彩纷呈各具特色的世界以及不同的文化风貌历史景象时，这将是对个人局限性的极大的突破，也将使我们不断地获得新鲜而丰富的审美愉悦。

用叶嘉莹评论中国诗词的术语来说，连环画具有一种让人产生"兴发感动"的力量，这种力量来自作者的艺术才华和生命精神所创造的艺术世界给我们带来的震撼，也源于读者与作品和作者进行对话交流之后所产生的新鲜的生命体验。面对异彩纷呈的连环画艺术世界，我们仿佛时而来到一个似曾相识的地方，流连缱绻；时而进入一个琳琅满目的新鲜的天地，如饥似渴目不暇接；时而被壮烈崇高所震撼，时而被潇洒飘逸而勾引得浮想联翩；时而被古雅的场景熏染得恨不得回到从前，时而又被抽象的线条一下子拉到了后现代。古与今、新与旧、雅与俗、疏与密、长与短、疾与缓、光与影、明与暗、线与面，不同的元素被艺术家的生命精神与创造力拿捏塑造从而形成千变万化的排列组合，于是就产生了不同的文化风貌与艺术世界，这样的世界再被读者的"有色眼镜"所过滤，于是便带来了千变万化的审美感受与生命体验。——而这一切，正是连环画吸引人的永恒的魅力！所以说，连环画小中有大，小中有美，尺寸之间也大有文章！

2009 年 3 月

做一个有趣的老师

必须得承认，我买书还是有点"颜控"的。网店上浏览图书时，首先是被这本书的装帧设计所吸引：封面暗赭的底色，沉稳厚重；竖排的书名题签是古朴的颜体字，旁边还有书法家林曦的落款钤印，雅致中透着拙趣；此外就只有书名下编著者的姓名和页脚处出版社的标名了——整体上简洁朴素、端庄大气，是我喜欢的风格。

书归属于"小书馆"丛书，一个陌生的名字，却很容易让人想起三联书店的"中学图书馆"文丛和北京出版社的"大家小书"系列，似乎是把这两个系列的名字糅合在了一起。正好，这两套书也是我所喜欢的，在劳心劳力的教师生涯里，读这样的书不会让人觉得更累。

书名是"国文趣味"。"国文"一词不像"语文"或"中文"那样中正平板，对于语文老师而言颇具亲切的味道，一来其间蕴藏着一种传统文化的归依感，二来从中也能体会到一种自豪感。而"趣味"二字，则让人不禁嘴角上扬微微一笑，是啊，没有"趣"，怎能让我们的学习生活变得有滋有"味"呢？

看目录介绍，作者从汉字、文体、文人、文章、读书、作文六个方面讨论国文的趣味，既涵盖了阅读与写作这两大方面，又突出了汉字（学习的基础）和文学（学习的材料）这两大重点，还不失对人的观照，自成框架。然而，此书也不像有些学术专著那样具有密不透风叫人喘不过气来的理论体系。"字的建筑"、"书信的温情"、"一个字的苦心"、"作文难，难在何处"，这样的标题是随笔式的；或四五节，或十余节，每一章的篇幅长短不拘，内容是松散的，松散则可以让人驻足流连，留下了填补的空间和遐想的余地。

说了这么多，已经有了足够将其买下的理由，剩下的小小缺憾则是关于这本书的作者。姜建邦，又是一个陌生的名字。介绍里说他"生平细节已颇难考"，"曾在上海缉规中学（现上海市市东中学的前身）担任国文教员"。检索"读秀中文学术搜索"，只能发现姜先生有过《圣诗史话》《识字心理》《国文趣味》《张亦镜生平》四种著作，另译有关于基督教的著作两种，编有儿童识字课本一册、《青年金言》一本，撰写了数十篇关于心理、语文、宗教方面的文章，所有的作品集中于1943年到1950年之间出版或发表。一个中学教师在短短几年内便有这么多成果，实在令人赞叹。已有的这些信息并不能满足我对于作者的好奇心。钱锺书先生曾对一个崇拜他而想要登门拜访的读者说："假如你吃了个鸡蛋，觉得不错，何必要认识那下蛋的母鸡呢？"钱老的谦逊值得钦佩，但拿母鸡下蛋与作者著书相比却不免有些牵强，单纯机械的生理行为怎好与充满创造性和个性色彩的文艺创作相提并论？好在资料虽少，作品还在，不能"知人论书"，便只好"读其书而想见其为人"了。

姜建邦究竟是个怎样的人呢？读了这本《国文趣味》，我的感受是——

他应该有着丰富的想象力，常常创造一个情境，虚构一个场景,让读者听众身临其境去感受体验。这样的人,不写小说也真是可惜。

他疑问多多,脑袋里有着十万个为什么,总能发现问题,并对各种问题具有很强的探究欲。书中许多问题,既是面向读者,也是提给他自己。

他像司马迁一样"好奇",对于一切超凡特异的事物充满了好感。这也许是因为他了解读者,知道读者最容易被这些非同寻常的人事所打动吸引。

他喜欢和学生做游戏,或是猜谜,或是对对子,或是做填字游戏。他常常故意卖关子,急得学生面红耳赤抓耳挠腮,才不急不慢优哉游哉地抖出包袱,让众学生恍然大悟。

他很在意自己的形象,也有着小小的虚荣心,受到学生的爱戴欢迎,便颇为得意,忍不住炫耀一下。当然,这种小得意并没有失之于忘形。

他有一肚子的故事,身边总会围着一帮爱听故事的孩子。他的故事分门别类存放在一个随身的口袋里,就像哆啦A梦,孩子们想要什么故事,他就能像变魔术一样从口袋里掏出来。

他对数字有着莫名的好感,处处喜欢用统计数字说话。除了引用别人的数据,他更愿意自己进行调查统计。对字典词典做一番统计,对中国诗人的寿命做个计算,对外国作家的出身做一个梳理,对中学生的阅读兴趣、写作困难做一番调查⋯⋯这样的说话方式,有理有据,让人信服。

他不喜欢高高在上用说教的口吻面对学生。他喜欢用"你"拉近和读者的距离,喜欢说"我们",表明自己与读者是平等的一体。他常常现身说法,以自己为素材,与读者进行生命和情感的交流,于是我们知道了他是怎样养成了写日记的习惯,写日记又是怎样促使他注意观察生活和点滴积累,知道了他又是怎样把读书当成生命的最爱。

他见解通达,不偏于一隅。他认识到现实的丰富与复杂,所以不轻易囿于成见作出简单褊狭的结论。例如对于作家创作生命的长短问题,对于文人的出身对创作的影响等,他只是罗列现象、摆出事实,提出"文学是各种人的产物,也是各种人的读物"、"文人的出身,不一定要在富裕的摇篮里;文人的笔,也不一定要穷而后工,最要紧的不是经济,而是努力的精神和坚决的意志"这样通达的看法。

一言以蔽之,姜建邦先生是个有趣的老师。他不是把教书当作糊口的行当,例行公事一般上完课就拍屁股走人,他喜欢说话,喜欢和学生在一起;他不会板着一副师道尊严的面孔,让学生言听计从,他更愿意与学生平等交流,大家一起玩一起乐;他不是那种寡淡无味僵硬呆板的教书匠,他有着自己的爱好与信仰,会生活,有情趣,是个活生生的可亲可近的人。这样一个有趣味的老师,才会去发现趣味、感受趣味、创造趣味,才会带着学生一起去欣赏趣味,进入一个充满趣味的学习的天地。在当前急功近利的应试大环境之下,许多老师变得面目可憎,自己的生活工作毫无趣味,更不用说把趣味带给学生了,于是像姜建邦这样有趣的老师才显得难能可贵。

或许有人会说,这本书内容较浅,缺少深度。诚然如此,不过,趣味本不是深奥的东西。姜老师此书的读者对象是中小学生,面对这样既定的读者群,也没有必要写得高深莫测。说到底,这是一本入门的读物,能够激发起读者的兴趣,把读者引入门来得其趣味,目的便已经达成。至于深入堂奥,那就是日后水到渠成的事了。

从这本《国文趣味》初版的1947年算起，到现在已经过去了68年，这么长的时间内，我们的生存环境和教育形式都有了令人瞩目的变化，但其间的常识却改变不多，这也正是此书在今天仍旧有其价值的原因所在。我想，与其把这本书推荐给学生，不如把这本书先推荐给老师们，因为做一个有趣味的老师能产生更大的影响。

2015年8月

书　摘

　　这个世界的所有书籍／都不会带给你幸福，／但是他们却秘密地把你／带回自己的内心深处。

　　那里有你需要的一切，／太阳、星辰和月亮，／因为你渴求的光明／在你自己身上隐藏。

　　在那成堆的书籍中／你长期寻找的智慧，／此时从每一页上闪亮——／因为它已是你自己的光芒。

　　选摘自［德］赫尔曼·黑塞著，马剑译《书籍的世界》（花城出版社）序第3页

　　但卑意欲少年为学者，每一书皆作数过尽之。书富如入海，百货皆有，人之精力，不能兼收尽取，但得其所欲求者尔。故愿学者每次作一意求之。

　　选摘自王水照选注《苏轼选集》（上海古籍出版社）第410页

　　街灯的光穿窗而入，屋子里显出微明，我大略一看，熟识的墙壁，壁端的棱线，熟识的书堆，堆边的未订的画集，外面的进行着的夜，无穷的远方，无数的人们，都和我有关。我存在着，我在生活，我将生活下去，我开始觉得自己更切实了，我有动作的欲望——但不久我又坠入了睡眠。

　　选摘自鲁迅著《且介亭杂文末编》（人民文学出版社）第142页

　　这世界上或有想在沙基或水面上建造崇楼杰阁的人，那可不是我。我只想造希腊小庙。选山地作基础，用坚硬石头堆砌它。精致、结实、匀

称,形体虽小而不纤巧,是我理想的建筑。这神庙供奉的是"人性"。

选摘自张新颖选编《沈从文精读》(北岳文艺出版社)第197页

偏重形式的古典主义有个流弊:把诗人变得像个写学位论文的未来硕士博士,"抄书当作诗",要自己的作品能够收列在图书馆的书里,就得先把图书馆的书安放在自己的作品里。偏重形式的古典主义有个流弊:把诗人变成领有营业执照的盗贼,不管是巧取还是豪夺,是江洋大盗还是偷鸡贼,是西昆体那样认准了一家去打劫还是像江西派那样挨门排户大大小小人家都去光顾。这可以说是宋诗——不妨还添上宋词——给我们的大教训,也可以说是整个旧诗词的演变里包含的大教训。

选摘自钱锺书编注《宋诗选注》(人民文学出版社)序第19页

我孤独一人已近十年,梦里经常和亲人在一起。但是在梦中,我从未见过他们的面貌和他们的衣服,只知道是他们,感觉到是他们。我常想,甩掉了肉体,灵魂彼此间都是认识的,而且是熟识的、永远不变的,就像梦里相见时一样。

选摘自杨绛著《走到人生边上》(商务印书馆)第155页

扬雄曾经说搞辞赋是雕虫篆刻,壮夫不为。王荆公选唐百家诗却叹惜不该"穷(废)日力于此"。我现在乐此忘疲,简直要算扬、王之罪人了。自我作古,讹谬必多,但望有益于初学,不辞取笑于通人。知我罪我,其惟类选之法乎!

选摘自周本淳选编《唐人绝句类选》(浙江古籍出版社)前言第16页

没有人的解放就没有美,同样,没有人的解放也不会有人的幸福。人的解放的标志,是人的个性和创造力的全面发展。而人的个性和创造力的全面发展,恰恰表现在不同的人有不同的特点、不同的幸福,和追求幸福的不同道路、不同方式。所以也没有一个现成的、客观的幸福模式,可以作为某个乌托邦赠送给一切人的幸福。

　　选摘自高尔泰著《美是自由的象征》（人民文学出版社）第118页

　　我想，"文人"之可贵，就在于以自己的文化积累与自由性情，打破人为的学科界限，将各种学问乃至一切人类文化成果，尽力"打通"，复现为有机整体，为完整的个人所享用。

　　选摘自刘绪源《前辈们的秘密》（华东师范大学出版社）第230页

　　对我们的孩子来说，每一个字首先是一个玩具，在孩子们拆开来装上，装上去又拆开的时候，每一个字都是情趣盎然的，具有召唤力的，像小鸟一样毛茸茸的，啾啾鸣唱的，而在孩子们运用这些文字组成章句的过程中，摞在一起的章句都应该像积木那样散发出童话般的气息。

　　选摘自毕飞宇著《写满字的空间》（人民文学出版社）第41页

张小兵 辑

穿越时空的"示众"
成为作者的"同谋"
那些"看不见"的精彩
"他的笔锋像一把解剖刀"
有些阅读,是不能打断的
吟不尽,唐风宋韵好辞章
回到真实的孔子

张小兵

中学高级教师,南京师范大学附属中学语文教师。主张"以立人为目标教语文",倡导"回到常识教语文"。积极实施"整本书阅读进课堂"教学实践,与教研组同仁共同推进"南师附中人文阅读计划";注重"真实写作",鼓励"创意写作"。发表教育教学文章百余篇。

穿越时空的"示众"

——兼谈雨果与鲁迅的共同关注点：人性启蒙

《巴黎圣母院》中伽西莫多受副主教兼义父克罗德指派抢劫艾斯梅达拉，行动失败之后，伽西莫多不得不接受鞭刑。一场规模"宏大"、成果"辉煌"的示众便在混乱嘈杂中开演了。无聊的看客们对伽西莫多竭尽羞辱之能事，艾斯梅达拉不计前嫌为伽西莫多送上了一壶水，这分明又是一场关于人性的示众。这一经典场面与鲁迅小说《示众》有着许多值得比较的地方，我便在教学中进行了一次比较阅读，学生们在对这两场穿越时空的"示众"的对比阅读中，得到了比较深刻的阅读体验。（为叙述方便，《巴黎圣母院》中的"示众"情节简称"巴示"。）

在第一轮对比阅读中学生特别关注作品中有关描写的对比。诸如：（1）对刑场的描写，"巴示"中着重的是对刑台结构的细致描写，《示众》则是侧重于环境的渲染；（2）人物语言的描写，"巴示"中各类人物的语言粗俗、刻薄、恶毒且相对集中，《示众》中各类人物的语言则显得单调而且分散；（3）"巴示"中对示众者和观众的描写都十分精彩，《示众》对示众者的描写只是寥寥几笔；……

以上对比阅读学生们表现出积极的参与意识，整个课堂中学生与学生，学生与老师互动积极，本以为已经完成了教学目的，没想到一名学生却有了另外一个发现：小说人物的选择别具匠心，只是不知如何表述。这一发现更大程度上调动了学生们深入探究的阅读兴趣，我便引导大家分组讨论"小说人物的选择"这个话题。

一番热烈的争论之后，学生们得出以下结论：（1）特别关注小孩、学生和女人；（2）人物横跨各个年龄阶段：孩童、少年、青年、壮年、老年。可是，雨果和鲁迅为什么会如此选择人物呢？他们的用意在哪里？学生们陷入了沉思。

为了保证思维的正确性，突显作品的真实意图，我便让大家继续品读文本，从中挖掘深意。学生们从"巴示"中勾画出了关于小孩、女人和学生的文字，并进行了较为深刻的讨论。

（1）小孩和姑娘们笑得格外厉害。

"格外"这个词在整个文段中显得很"刺眼"，伽西莫多接受的岂止是鞭刑，分明是一场皮肉和灵魂的撕咬。这场撕咬中，让他最受伤的不是别人，而是一群和他身份、地位并没有多少差别的普通民众。孩子和姑娘怎么说都是善良和美好的代名词，也是急需保护的一个群体。当这场撕裂人性伪装的示众到来时，他们并没有体现出怜悯之心，更没有丝毫帮助受难人的意愿，取而代之的是"格外"起劲的嘲笑。

让我们看一下这样一个逻辑：没有一个好姑娘，便没有一个好妻子；没有一个好妻子，便没有一个好母亲；没有一个好母亲，便没有一个好孩子……这个逻辑是带有主观性的，毫无疑问也是不完全正确的，但我们又不得不承认它广泛存在于我们的生活中。这样看来，孩子和姑娘其实是人类前途和命运的掌握者，他们的人性觉醒无论如何都是一件大事。

（2）在这里就像在大厅里一样，妇女们特别起劲，她们全都对他怀着某种憎恨，有的恨他奸诈，有的恨他丑陋，而以后一种人的憎恨最为厉害。

（3）有个妇人把一块石子向他头上扔去："这是给你在黑夜里用那些倒霉的钟声惊醒我们的教训。"

（4）"得啦！"一个老妇人说，"那就是刑台上的怪笑了。什么时候他才在绞刑架上做怪笑呢？"

（5）"我的母猫生下了一只六只脚的小猫！"一个老妇把一块瓦片向他头上扔去，尖声嚷道。

在全民疯狂的时代，年龄的增长并不代表着人性的发育与成熟。相反，这种失去羞耻感的、以戕害别人为乐趣的颠覆的人性，将会逐渐演变为一场失去理智的罪恶。为了让读者感受到人性沦丧的危机，雨果从小孩和姑娘的"笑"说到妇人的"憎恨"和扔石子，再说到老妇人的诅咒和扔瓦片，程度在逐步加深。如果说姑娘的"笑"是无知的，妇女的"憎恨"是愚昧的，老妇的"恶毒"则又是极端无耻的。

（6）"这笨蛋！"磨房的若望·孚罗洛向他的朋友罗班·普斯潘说道（这两个学生当然随着犯人到这儿来了），"他还没有一只关在盒子里的金龟子明白呢。"

（7）那两个学生——磨房的若望和罗班·普斯潘——尖着嗓子哼起那段古老的民间回旋曲的叠句来了。

（8）"喝这个吧！"罗班·普斯潘叫喊着，把一块在阴沟里泡过的海绵扔到他脸上，"拿去吧，恶汉！算我欠你的情哪！"

人性的泯灭是人类走向终结的前兆，而作品中孩子和女人已经成为人性泯灭的集合。那么，担负着育人功能的学校又如何呢？雨果没有忽略这一个特殊的群体，而是将笔触机智而敏锐地伸向了"学生"。括号中的"当然"二字表明这两个学生麻木已久，善良的人性并没得到开发。唱民间叠句嘲弄受害人的搞怪手段，"把一块在阴沟里泡过的海绵扔到他脸上"，表明了他们的快乐，也让读者看到了"善"和"爱"的缺失，更让我们从骨子里感到阵阵的凉意。

爱和尊严，都是人的基本精神需求，也应当是学校育人的基本目标。有人说，学校是社会的最后一方净土，当"净土"不净时，人类又该向哪里去？这是一百多年前雨果给全人类布置的一道思考题。至今想来，这仍是值得当代教育者反躬自省的问题。

当善和爱成为全社会忽略的精神取向，雨果并没有陷入绝望，而是在痛苦和激愤中奔走呼号，他给那个病态的社会和病态的人们开出了一剂药方。这时，波希米亚姑娘艾斯梅达拉出场了。气势汹汹、泼辣凶悍、颇有力量的人们与"漂亮、鲜艳、纯洁、迷人而又那么娇弱的姑娘"形成了鲜明对比，一切无事生非、惹是生非者和将自己的快乐建立在别人痛苦之上的人，立刻现出了人性丑陋的原形。雨果的"人性论"包含这些内容：人都有追求自由、幸福的权利，热爱美好、美丽的东西是人的天性，正常的爱是人的本能，仁慈、善良、同情是人性光辉的体现。（冬梅：《人性论思想——简析雨果作品的思想内涵》，《语文学刊》2007年08期）而"巴示"中艾斯梅达拉身上所体现出来的纯真善良、宽容大度、自尊互爱，便是雨果为这个群魔乱舞的社会开出的药方。

1933年8月13日鲁迅写给董永舒的信里说，他的小说创作

"大约所仰仗的全在先前看过的百来篇外国作品和一点医学上的知识","我所取法的,大抵是外国的作家"。鲁迅翻译过雨果的作品,并对雨果的人道主义思想和关于文学创作中的"模仿"的观点产生过浓厚兴趣。基于以上认识,学生再阅读鲁迅小说《示众》,便有了一番独特的滋味。

首先,鲁迅也关注小孩、学生和女人,特别是孩子。
《示众》对胖小孩进行了细致传神的描写:

(1)十一二岁的胖孩子,细着眼睛,歪了嘴在路旁的店门前叫喊。声音已经嘶嗄了,还带些睡意,如给夏天的长日催眠。……冷冷地坐着。……像用力掷在墙上而反拨过来的皮球一般,他忽然飞在马路的那边了。

(2)他连忙顺下眼,去看白背心,只见背心上一行一行地写着些大大小小的什么字。

(3)胖孩子却看见那白背心正研究着这发亮的秃头,他也便跟着去研究,……

(4)胖小孩本是注视着小学生的脸的,于是也不禁依了他的眼光,回转头去了,在那里是一个很胖的奶子,奶头四近有几枝很长的毫毛。

(5)胖孩子也跄跄了四五步,但是没有倒,一手按着脸颊,旋转身,就想从胖大汉的腿旁的空隙间钻出去。

(6)胖孩子就像小鼠子落在捕机里似的,仓皇了一会,忽然向小学生那一面奔去,推开他,冲出去了。

(7)路对面是胖孩子歪着头,瞌睡似的长呼。

(8)胖孩子歪着头,挤细了眼睛,拖长声音,磕睡地叫喊……

十一二岁，本是在学校接受知识和人生启蒙的年龄，而胖孩子却为了生存而从事着与年龄极不相称的"卖包子"生意。他一声声带着睡意的叫卖，相信会令所有读者生发怜悯之心。而鲁迅所要表达的绝非"怜悯之心"这么简单。充满好奇心的年龄和缺乏善性引导的教育，让孩子成为了随众而嬉，充当无知看客的人。他费尽心思"研究"、用尽力量"冲挤"、莫名其妙"受伤"的情节，还有从睡意中来，到瞌睡中离去的细节，不禁让我们想起鲁迅深沉而急切的呼唤：救救孩子！救孩子，就是救民族的未来，缺乏人性启蒙的教育将是失败的教育。"巴示"中对孩子的描写惜墨如金，《示众》则是浓墨重彩。

同时，《示众》对学生的也十分关注，与"巴示"有着共同的视角。

（9）又像用了力掷在墙上而反拨过来的皮球一般，一个小学生飞奔上来，一手按住了自己头上的雪白的小布帽，向人丛中直钻进去。但他钻到第三——也许是第四——层……但不多久，小学生却从巡警的刀旁边钻出来了。他诧异地四顾……

（10）空隙间忽而探进一个戴硬草帽的学生模样的头来，将一粒瓜子之类似的东西放在嘴里，下颚向上一磕，咬开，退出去了。这地方就补上了一个满头油汗而粘着灰土的椭圆脸。

这里的小学生给我们的感觉，分明不是纯正的孩子，而是东张西望、上蹿下跳、昏昏沉沉、无所事事的小丑。从游刃有余的"钻功"和闹中取静"吃功"来看，他们谙于此道已久，做有闲的看客为时已长。雨果是通过恶毒的语言描写来反映学生人性沦丧的，鲁迅则是通过入木三分的细节描写来表现学生人性缺位的。二者异曲同工，殊途同归。

《示众》中也有对女人的描写，这是一个抱着孩子的老妈子。

（11）一个抱着孩子的老妈子却想乘机挤进来了。

（12）抱着小孩的老妈子因为在骚扰时四顾，没有留意，头上梳着的喜鹊尾巴似的"苏州俏"，便碰了站在旁边的车夫的鼻梁。车夫一推，却正推在孩子上；孩子就扭转身去，向着圈外，嚷着要回去了。老妈子先也略略一跄踉，但便即站定，旋转孩子来使他正对白背心，一手指点着，说道："阿，阿，看呀！多么好看哪！……"

（13）老妈子抱了孩子从屋檐阴下蹩过去了。

"老妈子"就是为人劳作，替人吃苦的下人，本身是弱者，是需要帮助和关心的对象。她也是很"关心"受难者的人，抱着孩子也要挤进密不通风的人群探个究竟。可惜的是她的所有的努力，就是为了看一看"好看"的情景。毫无疑问，她的人性还在沉睡。

这里还有一个让读者感到惊悚和担忧的事：她始终抱着孩子。孩子是无辜的，他还没有价值判断和分辨是非的意识和能力，他（或她）正耳濡目染地接受着老妈子的熏陶。即使是孩子不想看，在老妈子"好看"思想的濡染之下，也许这个孩子将会成为另一个小学生或胖孩子。这样看来，鲁迅的目光更为锐利，他不但看见了学校教育缺乏人性启蒙的现状，还关注到家庭中人性教育缺位的事实。小说开篇，鲁迅不直呼"首都"或"北京"，而是称"首善之区"。什么是"首善之区"？首善，是上善，也就是天下楷模。《汉书·儒林传》载："故教化之行也，建首善，自京师始。"首善之区"不善"，足见这一称呼隐含了鲁迅对学校教育、社会教育和家庭教育现状的担忧。如何才能让社会和谐，文明进步？必须从教育开始,从人性的启蒙开始,让爱和被爱、自尊和尊重成为每一个人的需要和实际行动。

雨果和鲁迅在小说人物的选择上还有另一个特点:人物横跨各个年龄阶段:孩童、少年、青年、壮年、老年。有了以上阅读体验,学生们很快便有了自己的答案:

(1)向读者展示了人性的沦丧危害的深广,已不只是哪个人或哪个年龄阶段的人的事。

(2)人性启蒙要从孩子抓起,但不只是孩子的事,无论男女或老幼,都需要启蒙。

个人的不幸成了示众的材料,别人的示众成了集体狂欢的节日。人性沦丧的人是寂寞的、孤独的,非理性的,甚至是丧失理智的。丢失人性的人还能称为"人"吗?你找到答案了吗?

阅读课已经结束,学生和我的思考还在继续……

2010 年 2 月

成为作者的"同谋"
——换个角度教小说阅读

我们一般是从接受的角度去教小说阅读的,却很少从作者的角度去思考。伍尔夫在《读书的自由与限制》中说:"我们不应该对作者发号施令,而应该设身处地为作者设想——成为作者的合伙人和同谋者。"(《伍尔夫读书随笔》,弗吉尼亚·伍尔夫著,刘文荣译,文汇出版社2012年版)美国"作家楼阁"的创建者杰里·克利弗认为,小说创作应包含以下要素:冲突(渴望+障碍)+行动+结局+情感+展示。(《小说写作教程》,杰里·克利弗著,王著定译,中国人民大学出版社2012年版)从写作的角度教小说阅读,我们可以从这几个要素出发,与作者共谋。

"冲突"的把握

小说家通过故事表达情感和思想,怎样表达?必须要有一个或多个契机。这个契机往往就是"冲突"。如何制造并把握好小说的矛盾冲突呢?

美国作家詹姆斯·斯科特·贝尔在《冲突与悬念》一书中说："在小说领域，冲突有一个首要的、不可或缺的前提：读者必须关心情节涉及的那些当事人……你首先需要一个值得追随的主角。"（《冲突与悬念》，詹姆斯·斯科特·贝尔著，王著定译，中国人民大学出版社2014年版）谁能成为这篇小说的主角或者主要角色？我们可以选择普通人以反映普遍的生活，然而作家笔下的"普通人"绝对不只是一个普普通通的人，他或她一定是一个有些特别故事的人。正如契诃夫《苦恼》中的姚纳是一个普通车夫，但他刚死了儿子，身边没有了亲人，满腔的苦恼无处诉说。作家选择人物的眼光往往独特。可以反映通货膨胀给人们带来灾难的人物有很多，比如企业家、银行家等精英，或社会底层的商贩、工人。《看不见的珍藏》中，茨威格却对收藏家情有独钟，他们是社会中一个极为"稀罕"的群体，似乎不具有大众典型性。真正的收藏家往往以"藏"为乐趣，不以"售"为追求，常以近乎"恋物癖"的姿态出现在人们面前。如果通货膨胀对赫尔瓦特这样的"极端人物"也产生了影响，那么作者要反映的经济危机便也"极端"起来。"极端的典型"让冲突有了戏剧性，读者也会不由自主地关注他们的命运。

怎样才能让人物产生冲突？如果你是作家，就必须揭示出人物内心的渴望，只有渴望才能让他们行动起来，只有行动起来才能彰显人物的性格、情感、思想和命运。你必须狠下心来，不能让笔下的人物过得太"滋润"，要不断制造各种障碍，让他们备受煎熬。肖洛霍夫便深谙此道：《一个人的遭遇》中，索科洛夫要过平安的日子，卫国战争偏偏爆发了，而且当了俘虏；要回去获得家庭的安慰，妻女却被炸死了；要唯一的儿子成为自己和国家的荣耀，儿子偏偏在战争结束前牺牲了；要和孤儿凡尼亚安稳、温馨度日，却又失去了工作……索科洛夫的渴望一次次升腾之后,又一次次迅速坠落,战争成为他通向幸福之路的最大障碍。不要怪肖洛霍夫下笔太狠,只有将索科洛夫架到世界、国家、社会、人生的火炉上烘烤,才能让他真正"生动"起来,才能让以他为代表的数百万复员军人和烈属的悲苦遭遇得以充分展现。

"冲突"是一个"动态"的词语,它会刺激读者阅读的味蕾。然而,"冲突"也是一个"有度"的词语,作者必须把握好冲突的"度"。

"冲突"可以激烈,但未必要"歇斯底里"。索科洛夫是隐忍的,如果将他描绘成一个号啕大哭的形象,就是给了他发泄的机会,丰富的痛苦将随着眼泪消散。肖洛霍夫是高明的,他给了索科洛夫很多希望,又不断给他很多失望。生活是一个充满笑意的骗子,索科洛夫"鬼打墙"一般,在渴望与障碍之间无助地兜着圈圈,冲突得激烈而又不"撕裂",这才是经历过战争、见证过无数次死亡的中老年男人的形象!

"冲突"可以突然,但必须是"水到渠成"。《祝福》中的祥林嫂,对生充满了渴望,然而,她却在祝福之夜,因为饥饿、寒冷、孤独、恐惧等物质的和精神的障碍死去了。祥林嫂的死是突然的,但又是必然的,鲁迅先生已经给她的死铺了一级又一级的台阶。主人那里没有了同情,穷人堆里没有了关爱,知识分子那儿找不到出路,祥林嫂还能到哪里去?天地大而孤独,巨大的阴云笼罩着她,让她无可逃遁,只能"合情合理"地去死。

"冲突"可以聚焦,但也可以"东张西望"。小说的冲突往往不是唯一的,不断的冲突,纠缠不清的冲突,会使得情节黏糊复杂起来,而人物也将在这高浓度的冲突中得到全方位的刻画。《警察与赞美诗》中,苏贝渴望被警察抓进监狱,好在布莱克尔监狱度过一个衣食无忧的冬天,他却遇到许多障碍。"想而不能":想吃白食,被侍者领班轰出店门;砸商店橱窗玻璃,警察不认为他是肇事者;终于吃了白食,只是被侍者叉出门外……"不想却能":赞美诗响起,苏贝灵魂复苏,却被警察抓进监狱。"想而不能","不想却能","想而不能"与"不想却能",苏贝的人生在多重戏剧冲突中得到生动展示。如果你是欧·亨利,就必须耐心而不动声色地制造这一系列错综复杂的冲突。

"行动"的权衡

小说中,从来就没有绝对静止的人物,他们是活动的。作家们在决定人物行动时,会怎样考虑呢?

小说人物的行动多是基于渴望和障碍的,是渴望和障碍在推动人物行动。《项链》中,罗瓦塞尔太太的形象为人们所熟知,是什么驱使着她由一个疯狂走向另一个疯狂的呢?当然是内心的渴望和阻止渴望实现的各种障碍。她已被卷入了一个巨大的黑洞,只有"行动"才能获得"生"的感觉。莫泊桑必须给她行动的权利和机会,于是便有了一张晚会的请帖。丈夫买猎枪的钱必须"挪用",漂亮的女人没有华美的衣服怎么能行?脖子是女人高雅的象征,没有一串像样的项链怎么能行?然而,渴望得到满足,项链却丢失了。此时,莫泊桑可选的写作思路有:举家逃跑、以假乱真……然而,这些行动都有一个致命的弱点,就是忽略了罗瓦塞尔太太追求"豪华高雅美"的初衷,被人鄙视对她来说是一件要命的事。我们不妨替作者想想,是一个为追求虚荣而丧失信誉的人更能让人觉醒,还是一个为追求一时的虚荣而耗费整个青春的人更令人动容?读者也许会责怪莫泊桑,为什么不让她说出真相呢?能说出真相就不是罗瓦塞尔太太了。

行动可以是外在的，也可以是内在的。

小说里的人物常常很忙，为了内心的渴望他们必须奔波劳碌，作者也身不由己，只能贴着他们的意愿写作。阿Q为寻求心理的平衡，去挑衅王胡、跟小D打架、欺负小尼姑；为满足出于本能或者被点燃的对女人的向往之情，向吴妈下了跪；为赢得人们的尊重，夸张地向未庄的人们讲述着自己的见闻和传奇，甚至要加入革命党……阿Q处处碰壁，却四处出击，忙得不亦乐乎！《红楼梦》中出现频率较高的一个字就是"忙"，从主子到下人，找不出一个闲人，贾府因为他们的行动才成了展示美与丑、善和恶的看台。

多数小说人物的行动是有目共睹的，然而，有一些人物看上去并没有行动，他们只是在"想"。伍尔夫《墙上的斑点》是一篇难懂的小说，它没有跌宕起伏的情节，只是一个女人由一个斑点展开的思考。她的欲望一是弄清楚斑点是什么，二是弄明白由此产生的关于偶然和必然、表象和真相、束缚和自由等哲学关系的答案，障碍则是自己的思维方式、判断力、思想境界等，她的行动就是由此而生发的一系列自由的想象、联想和哲思。伍尔夫为什么不让"我"出走？因为这只是一次"胡思乱想"：一次思想的探险，一段说走就走的灵魂远行。这里的"我"是不愿也不必走来走去地行动，伯尔的《流浪人，你若到斯巴……》中的"我"则是因身负重伤，无法选择肉体去处。这个伤兵的渴望是弄清楚"在哪里"、"受什么伤"，而障碍是受伤之后的昏昏沉沉、迷迷糊糊，他"身"不由己，内心却一直在围绕着这些问题行动。

小说家们似乎有一个协定：必须让"他们"动起来！当然，一切的行动都必须有利于展现人物的性格、情感和思想。

"结局"的考量

"从哪里来"和"到哪里去",这是作者必须考虑的问题。"从哪里来"是故事的缘起,具有极大的偶然性,可以是一则新闻、一个故事、一次遭遇,甚至一个念头、一次发呆。"到哪里去"是故事的结局,则存在许多必然性,作家在自己创造的人物面前,常常是一个弱者。

什么是结局?从情节的角度说是故事的"末了",但从情感的角度来说,优秀的小说一定是纸上的故事"到此为止",之外的事却"没完没了",会让你忍不住地"想下去"。《项链》的故事其实没有结束,罗瓦塞尔太太得知那串项链是假的,而且"顶多也就值上五百法郎",故事会怎样继续下去呢?福雷斯蒂埃太太会怎么办?罗瓦塞尔太太将会怎样?罗瓦塞尔先生又会如何?《警察与赞美诗》也没有结束,灵魂已经复苏的苏贝重回监狱后会怎样?他还会重回过去的自己吗?莫泊桑和欧·亨利是不会写出来的,这些都是他们为读者布置的思考题。

美好的结局是人类普遍的理想,但常常不是作家的最终选择。英国作家高尔斯华绥的《品质》中,哥斯拉兄弟坚守做鞋的品质,却敌不过机器工业大生产的浪潮和人们追逐时尚、快捷的心,读者总是在期盼着兄弟俩交上好运,作家却给了他们同一个结局——死,而且是一个、一个地死。法国作家都德《科尔尼师傅的秘密》中,科尔尼师傅看上去有一个美好的结局:自从在通往塔拉斯孔的大路上建造了一座用蒸汽做动力的面粉厂,当地许多靠风力工作的磨坊便迅速溃败,只有他的磨坊还挺立在山岗上。恢复磨坊往日光辉的渴望,让他作出了许多不合伦理和常情的古怪举动。人们知道了他的秘密后，纷纷送来麦子，科尔尼师傅从此恢复了往日的生机，在磨坊中辛勤工作，直至终老。这是一个喜剧，更像一出"戏"，美好来得太突然，很多读者将这个结尾称为"童话"。有人说，也许科尔尼遭遇的是蒸汽工业时代，而哥斯拉兄弟遭遇的是机器工业时代，之前的人们还是温馨的，半个世纪的发展让人变得冰冷起来。但是，美好总是理想，悲剧更接近生活的本质，从作品给读者带来的冲击力来说，《品质》似乎更胜一筹。

为了小说的"结局"，作家们可谓呕心沥血、肝肠寸断，不但要忍受悲喜的抉择，还要安排各种暗示和铺垫，亲手将他们送达悲多于喜的结局。

"情感"的拿捏

按照克利弗的说法，冲突 + 行动 + 结局 = 故事。如果小说是一辆行进中的汽车，故事只是外壳，情感则是发动机。小说写得如何，很大程度上要看有怎样的情感。

作家不是慈善家，他们对小说情感的选择有近乎偏执的悲伤倾向，但一般不会通篇尽是悲，会嵌入或者隐藏些许欣喜。祥林嫂的命运是悲惨的，毕竟还有"我"在怜悯她，并为不能拯救她而自责；哥斯拉兄弟是死了，还有"我"在坚持订鞋并怀念着他们崇高的品质；索科洛夫的人生如过山车，但还有朋友夫妇的关照和凡尼亚带来的希望……就是这一点一丝一毫，常令人回味无穷。

情感复杂是优秀小说的重要特征之一，相反，情感单一往往是小说的灾难。老同学相见你会有怎样的情感？小说《胖子和瘦子》给读者呈现了人物复杂的情感：胖子愉快、惊讶、震惊、自卑、敬畏，瘦子则愉快、惊讶、骄傲、厌恶、恶心。契诃夫没有给我们呈现一般生活中的情绪，或喜或悲或悲喜交加，而是让两人的情感在起伏中变得跌宕、错杂。

情感本身就是一个复杂的词汇，它不只是"情"，还有"感"，有情的流露，也有思想的表达，否则它只能是单纯的"情绪"。海明威《桥边的老人》中，"我"惶恐、同情、无奈，"老人"高兴、茫然、担忧，在这些情绪之下，潜藏着作者的思想：老人的爱心与践踏人类生命的残酷战争形成鲜明的对比，呼唤人性与爱的回归，斥责非正义战争给世界带来的灾难。情感是作家的生命，也是小说的心脏，没有情感就没有生机，只有"情"没有"感"又是失血的。

然而，作者虽一手创造了各种人物，却没有权力将个人的情感完全凌驾于人物之上，甚至为所欲为，必须尊重人物自身，包括他们的喜怒哀乐、悲欢离合。

"展示"的选择

如何向读者展示故事和情感，这是摆在作家面前的单项选择题。不恰当的展示，将令小说黯然失色。"展示"的技巧无法穷尽，克利弗也只是简略地进行了举例说明。中学小说教学中，有几点特别值得注意：

选择一个好的叙事视角。中国传统小说多以全知视角叙述故事，作品的人和事作者全知道，往往以第三人称叙事，可以客观、全面、冷静地介绍故事。"五四"之后，中国作家开始关注并自觉使用"限知视角"，作家"我"放到作品中去，让其在一知半解、浑然不觉或迷迷糊糊中参与故事。以"我"的视角讲述故事，适宜于表现具有较强主观性的情和思，能增强小说的真实性和情境感。

鲁迅小说的叙事视角是有选择的：《孔乙己》《白光》用全知视角，目的在于"揭示"；《故乡》《祥林嫂》用限知视角，目的在于"探索"。目前通行的高中语文教材中，大量小说运用了限知视角，如《一个人的遭遇》《品质》《流浪人，你若到斯巴……》等。教学中我们可以让学生转换叙事视角，尝试多种可能，在对比中体会作者的用心。

把握好描写的尺度。细节是叙事类作品的生命，而细节一般通过描写来体现。描写不是越细致越好，为了描写而描写更不可取，应以表现故事、情感、人物等需要为准。如果写一个说书艺人，哪些细节该详写？一般作者都会不惜笔墨描写其高超的说书技艺。师陀的《说书人》却不以此为重点，因为它除了要表现底层人物对传统文化的坚守，还有社会的保守、封闭与落后，以及苦难社会中人们的残忍和冷漠。所以，作者开篇详细描写说书人的装备，读者几乎不用思考就能知道，说书人从事的是怎样一份"贱业"。师陀还"不怀好意"地夹杂了一个容易被人忽略的细节："他的声音不高，并且时常咳嗽。"又暗示了他的"贱命"。

厚度的掌控。优秀的小说往往因厚重而迷人，情节的错综复杂，主题、情感的叠加，时空的跳跃，时代背景的融入等，都是使小说厚重起来的重要因素。马尔克斯在接受尹承东采访时说："《礼拜二午睡时刻》是我自认为最好的小说，它的全部情节就是来源于我看到一个女人和一个小姑娘身穿丧服，打一把黑色雨伞走在一个荒凉镇子的烈日下。"（《我的文学创作之路——采访马尔克斯》，尹承东，《译林杂志》2006年第2期）这样的场景很容易让人想到母亲对孩子的爱，马尔克斯没有止步于此，而是在小说的推进中不断"添料"：穷人的尊严，牧师的狭隘，民众的冷漠……社会背景在闪现，时空在变幻，主题在叠加，一切都变得复杂起来，而小说也厚重了起来。

　　托尔斯泰说："把自己的肉放进墨缸里。"小说里的人物都是作家的心头肉，是鲜活的生命凝结成的魂灵！"假如你是作者"，"请替作者想一想"，"作者有哪些选择"……如果说接受阅读是被动"听故事"，那么，成为作者同谋的阅读则是主动"想故事"。读写怎样才能更好地结合？当我们站在作者的角度，进行探险式的创造性阅读时，或许会事半功倍。

2016 年 1 月

那些"看不见"的精彩

——"想象"在小说《品质》阅读中的运用

伍尔夫在《怎样读小说》一文中说:"如果你想真正掌握某个小说家——某个大艺术家——给你的一切,你不仅需要有非常敏锐的感受力,还需要有非常大胆的想象力。"(弗吉尼亚·伍尔夫著,刘文荣译:《伍尔夫读书随笔》,文汇出版社2012年版)高尔斯华绥小说《品质》讲述了格斯拉兄弟的故事,他们视做鞋为生命,每一双靴子都是凝结了心血的艺术品,宁可饿死也不肯偷工减料。对这样一篇近乎赞美诗的小说,作者似乎"用错了笔墨",大篇幅描写格斯拉兄弟接订货单时的情景,却省略了满足读者正常好奇心的诸多内容。这些被略去的"看不见的"内容,正是作家留给读者想象的多彩天地。

神秘的空间——在阅读小说的过程中,读者常会产生一个扑面而来的疑问:格斯拉兄弟的"靴子作坊"究竟是怎样一番模样?

"黑暗"、"皮革味儿"、"木皮拖鞋"、"踢踏声"、"沉醉在靴子梦中的俩兄弟"……作家以近乎白描的手法,客观呈现了"我"的所"见"所"闻",字里行间充溢着神奇的诱惑。而"楼上"仿佛影视作品中高人修炼的洞穴，令人向往却又望而却步。"我"一直没有登上楼梯，去看一看他们的"靴子作坊"。我们可以在阅读全文的基础上，展开合理而大胆的想象。

格斯拉兄弟坚持靴子的唯一性，做的靴子大小十分精确，因此，他们的作坊可能是干净整洁的。下面的描述颇具代表性：

> 阁楼里有扇窗，但总是拉着厚厚的窗帘，光线一点也透不进来。一进门就可以看到两张面对面放着的桌子，中间点着一盏昏黄的煤油灯。桌前分别放着一把椅子。格斯拉先生思考的时候，时而站起来，时而坐下，不时用脚步丈量着房间的尺寸，从东到西是九步，从南到北是七步。他喜欢走到架子前翻看皮革，一会儿摸摸这张，一会儿翻翻那张，享受着美丽动人的清香。更多的时候，他总是握着铅笔写写画画。而哥哥常在桌子前端坐着，只有在弟弟忘了时间时，才站起来到楼下看一眼。（李兰心）

想象，是对客观记忆重新加工从而形成新形象的心理过程。可见，想象具有文学性和现实性双重特征。因此，运用想象展开阅读时，我们不仅可以进行文学化的描述，还可以作合乎现实的"客观"说明。接下来的想象示例值得参考：

> 窄窄的小天窗透进不多的光线，正好洒在窗下两张并排的小桌上。拉开抽屉，里面摆放着大大小小的针线，当然还有各种朴素的饰品。这些显然是哥哥的。另一侧的抽屉中则是各式各样的尺和笔，差不多和工程师的工具一样齐全。环绕小桌的，是柜子和架子，然而柜子只属于弟弟，架子只属于哥哥。架子就在哥哥的身后，上面整整齐齐地排放着一张又一张皮

革，皮革上遮盖着米色的布，香味从布缝里毫不避讳地溢了出来。柜子紧贴在弟弟身后，三十六个小抽屉分别贴着不同靴子款式的名称，标签泛着古旧的黄色。抽屉里整齐地摆放着靴子的图纸，密密麻麻的英文小字穿插在缝隙里，每样款式都有十来张图纸。（邵汉宁）

从对这片狭小空间的想象里，我们看到了格斯拉兄弟对皮革的呵护，对图纸"档案"的珍爱，对寂寞的制靴生活的沉醉。当然，"干净整洁"未必是作坊的唯一可能状态。正如许多著名画家的画室一样，也可能是各种配件、边角料、线头、鞋油散落一地。对进入艺术境界的格斯拉兄弟来说，他们关心的不是工作的环境，而是靴子的制作，追求"干净整洁"也许会令他们分神，况且"干净整洁"也不是产生艺术的先决条件。

圣洁的宗教——"做最好的靴子"是格斯拉兄弟一生的追求，他们坚守靴子的无上品质，以殉道精神将生命献给了"靴子宗教"。"照手续办事"般的"量尺寸"自然少不了，选择"美丽皮革"也是必需的……然而，格斯拉兄弟究竟是怎样做靴子的呢？这个问题一定会爬上每个读者的心头。

高尔斯华绥用繁笔赞美了靴子的质量，"他好像把靴子的本质缝到靴子里去了"，"这些靴子比以前的格外经穿。差不多穿了两年，我也没想起要到他那里去一趟"，"但这几双靴子比以前更结实，简直穿不坏"，"这些靴子都是他给我做过的最好的靴子"……但是，读者最想知道的一个细节，也是最能展现兄弟俩精神的一个重要环节却被高尔斯华绥玩笑般忽略了，那就是制作靴子的过程。我们可以根据格斯拉兄弟的性格特点以及品质追求，在想象中走进他们的精神世界。

弟弟拿着皮革走上楼，递给哥哥，"那个年轻人，俄国皮靴"。哥哥默默地接过皮革，低下头去，仔细地审视着这张曼妙的皮革，像是要把每一丝纹路都刻在脑海中。他闭上了眼睛，手指缓缓滑过整张皮革，有的地方还用手捏了几下，轻轻地点着头。弟弟坐在一边，对照着一张画有脚的轮廓的白纸，写写画画，不时皱起眉头咬着笔杆，用橡皮修改着线条。哥哥的手指不动了，眼睛依然没有睁开，像个雕塑。弟弟下笔更轻了，连"沙沙"的声响也消失了。

　　接过弟弟的图纸，哥哥像从梦中惊醒了，拿起剪刀，咔嚓、咔嚓，皮革便开了几个大口子。他一会儿将皮革弯成某一个角度，一会儿长短不齐地剪几刀……一只靴子的模样便出来了。他将剪好的皮革递到弟弟手中，又像随意出刀似的飞快地裁剪起来另一只来。此时，弟弟已经开始穿针引线了……（缪景昊）

弟弟设计图纸，精益求精；哥哥熟悉皮革的纹路，揣摩软硬、厚薄，体会皮革的特性，再据图剪裁。两人配合默契，一气呵成。整个过程就像在酝酿一首精美的诗歌。

　　《品质》以"我"为叙事视角，能够对格斯拉兄弟的生活进行客观描述。其实，我们还可以弟弟或哥哥的口吻描述做靴子的过程，让想象更自然、真实、动人。

　　我手捧着一块黄褐色皮革走进制鞋室，哥哥正在鞣制皮革。啊，多美的香气，多美的皮革。我拿起刀，剖开皮革，这声音真好听。哥哥抬头看了我一眼，又做他的美梦去了。凭借多年的经验，皮革圆片很快就裁好了。我将它们反贴在脚模上，然后开始用木槌敲打——必须从四周向中心敲打，不能遗漏，不能太重，还要根据皮革的机理做到轻重有别。这是确保我们"格斯拉兄弟皮鞋"穿起来感觉到舒适的秘诀之一。

二百四十分钟过去，半成品出来了。我擦了擦额头的汗，正要放下鞋模。哥哥责怪的声音传来："右脚足弓右侧，你又漏了。"我轻轻一敲，声音果然不对，又补了二十槌。然后将它们放到阴凉处风干，手汗可不能留在皮革上！

皮鞋打洞并不是费力的事，上等的皮革很好穿透。缝制是一门细活，而且需要一定的力量。我们一直坚持纯手工穿线，细密的针脚，高质地的线，加上慢慢的动作，我要保证自己做的每一双鞋永不开裂。

最后是上油。今天太阳从绵绵阴雨中出来了，驱走了潮湿的水汽。几十年来的直觉告诉我，接下来的半个月一定是艳阳天，我得抓紧时间完成这道工序。上油可不是乱涂乱抹，点、抹、揉、擦，每一个动作都要小心翼翼。每天只能上一次油，否则皮革难以充分吸收，第五遍之后，锃亮的鞋就会在他的主人手中了。（高润昇）

能够展开以上想象，读者不仅需要认真阅读小说，还要查找、了解制鞋的相关知识。格斯拉兄弟的鞋为什么结实耐穿而且舒适？除了皮革、线质量好，还有就是从制图到裁剪、捶打、缝制、上油，每一道工序都精细绝伦。用心了，动情了，所以精致，难怪多年后格斯拉兄弟还能轻松地回忆起一双鞋的制作情景。这样的制作流程，对粗制滥造的"今日制造商们"来说，难道不是一次强烈的震撼吗？

隐藏的心理——格斯拉兄弟疯狂地热爱着皮革，钟情于靴子事业。如有人玷污了神圣的靴子艺术，他们自然会牢骚满腹，任何一点小的失误都会让他们的心灵大地震。然而，格斯拉兄弟在面对这一切时，却显得过于"安静"，他们的内心世界究竟是怎样的呢？

高尔斯华绥对格斯拉兄弟内心的描写是节制的，这种克制的笔调很容易让读者对鞋匠兄弟的内心世界产生想象的冲动。当"我"穿着大公司制作的次等鞋，漫不经心地走进他们的店铺时。作者只是这样说："他的语调里没有愤怒，也没有悲哀，连鄙夷的情绪也没有，不过那里面却隐藏着可以冰冻血液的潜在因素。"隐藏的潜在因素究竟是什么？超越了愤怒、悲哀、鄙夷的情绪又是什么？高尔斯华绥欲言又止，读者怎能不掩卷深思？

几代的老主顾也穿上了大公司的劣质鞋，是坚守品质的传统手工业者被逼向命运死角的无助与浓重的悲凉吗？我们不妨这样替格斯拉想：

> 次等皮革！大公司！别靠近我！我，我，我呼吸困难……我在漫无边际的潮水中沉浮，没有致命的大浪，也没有噬人的鲨鱼，到处都是白花花的水流和咬人的小鱼……我向哪里去？我能往哪里游？我要下沉了……（李华明）

机器工业来势汹汹，可谓"八面来风，四面来潮"，高尔斯华绥的笔触是平静的，而安静的表面下却又激荡着一种莫测的、足以吞噬一切的力量。想象至此，读者怎能不为小说主人公的命运担忧？

"有些靴子，"他慢慢地说，"做好的时候就是坏的……"对于这句自毁招牌的话，我们除了看到格斯拉的真诚之外，还能想象到什么？要知道他们可是视做鞋（质量）为生命的啊！

我（哥斯拉先生）猛地抬头看向了他，盯着那双略带抱歉的眼睛，内心如暴风雨中的海洋，波涛汹涌。靴子出问题了，这怎么可能！手扶着桌子，我勉强支撑起颤抖的双腿。沁人脾胃的皮革味儿让我冷静了下来……我的心又像被什么重击了一下，隐隐约约听见了靴子走路时发出的刺耳的咯吱声，一道道声波如一个个锋利的刀片，刻划着我的灵魂。做那双鞋子的样子我还记得……多么美的皮革啊，竟被我这样糟蹋了！我以我的灵魂向上帝发誓：这是第一次，也必是最后一次！（柳雅琼）

没什么比承认自己亲手做的鞋子有质量问题更让格斯拉兄弟感到耻辱的了，然而，此事对他们而言，与其说是一次打击或者羞辱，不如说是追求靴子艺术道路上的一次"激励"。正是这样的"激励"，才有了兄弟俩后来更"疯狂的"追求品质的表现。

最后的时光——格斯拉兄弟的精神令人感佩，可悲的是他们终究敌不过机器大生产的大潮和追求时尚的世俗人心，凄凉地走向了死亡。哥哥是怎么死的？弟弟又是如何离世的？高尔斯华绥语焉不详，怎能不令人想象？

哥哥是怎么死的？小说只给了读者一句话："他失掉了另外一间铺面，心里老是想不开。""想不开"是一个概括性很强的词语，可能的情形又是怎样的呢？

"哥，吃点东西啊……"哥一言不发，蜷缩在昏暗的角落，看不清轮廓，也看不到表情。门面变小了，一个多月没有顾客了，他憔悴的面庞像过度使用的劣质皮革，死灰起来。

"振作起来，哥。绝食解决不了问题啊。大家不来，还不是因为我们的鞋耐穿呀……"大哥还是一动不动。

> 我（弟弟）握住他那双精细灵活的手，冰凉的感觉从指尖传递过来。"回来啊，哥。不是说好要做世界上最好的靴子的吗……"（陆佳晨）

以绝食表达对"世风日下"的不满，以个体的死亡对抗"大势所趋"，哥哥是主动的，他的精神内核是对品质的坚守，悲壮而令人同情并尊敬。当然，哥哥的抉择多少让读者有些遗憾，甚至会不自觉地将"固执"等贬义词和他联系起来。

仔细研读小说，我们会发现弟弟似乎要比哥哥灵活得多。哥哥一般只在楼上做鞋，弟弟则抛头露面接应顾客。哥哥去世后，"衰老、瘦弱"的弟弟居然学会了"做时新的样式"。微茫的希望之光冉冉升起在格斯拉先生的天空。然而，谁又曾想到他终究还是饿死了呢？！

> 格斯拉先生的木鞋已经没有力气发出声音了，只是在地板上拖动。
>
> 他醒来。阴惨的阳光从天窗照下来。捡起针，瞪圆了双眼，曾经犀利的眼神再也放不出麻利的光，双手颤抖着。一阵疼痛，鲜血从手指扩散开来，他晕了过去。
>
> 他醒来。手里拿着一块皮。浅黄。俄国牛皮的清香让他精神一振。他想起哥哥苦难的一生，想起曾经的格斯拉兄弟鞋行，想起年轻时灵巧的双手，想起兄弟俩默默无语对坐在一方阳光下做鞋的样子，想起上一次的饱餐，想起大公司时尚皮鞋，想起顾客无法等待的眼神……
>
> 他醒来，手中的皮革只剩一半，嘴里满是幽香。他赶紧把皮吐出来，喃喃道："这可是艺术……"
>
> 他醒来，嘴里又满是皮革。他的泪，滴在皮上，打出沉闷

的响声。吃吧……吃掉过去,吃掉现在,吃掉空虚的世界……他坐在那里,眼泪还在流,却睡着了。(刘梓轩)

死亡是最复杂而又最纠结、最悲伤而又最恐惧的事,格斯拉先生是如何面对生命的最后时光的,小说并没有详细叙述。上则想象显得比较夸张,未必能得到大家的认同,然而,陷入绝境的人往往会失态甚至失常。格斯拉先生手艺精湛、物美价廉,脑袋虽然慢了半拍,还是尝试着作出了改变,偌大世界却容不下一个追求品质的人,美好的人偏偏被逼向了死亡的境地。"想象"看似夸张,却让小说的悲剧氛围弥散开去。

伍尔夫在《读书的自由与限制》中说:"我们不应该对作者发号施令,而应该设身处地为作者设想——成为作者的合伙人和同谋者。"(《伍尔夫读书随笔》,弗吉尼亚·伍尔夫著,刘文荣译,文汇出版社2012年7月版)当我们站在高尔斯华绥的角度审视其"避重就轻"的文字时,便会发现在"看得见"的文字背后,还有许多"看不见"的精彩。

2015年8月

"他的笔锋像一把解剖刀"
——毛姆《月亮和六便士》荐读

英国作家毛姆的《月亮和六便士》，是以法国印象派画家高更为原型创作的一部伟大的小说。主人公查理斯·思特里克兰德是一个英国证券交易所的经纪人，他看上去有一个稳定体面的职业和幸福美满的家庭，却在四十岁时迷恋上绘画，突然弃家远走巴黎。所有的人对他的行为都不能理解。独自在外的他，饱受肉体和精神的折磨，以"冷酷"对待世人的眼光和言语，最终离开"文明世界"，来到了世外桃源塔希提岛。在塔希提，他找到了属于自己的艺术生命所要的元素，创作出了表现伊甸园的杰作。后来，他染上了麻风病双目失明，临终之前，又命令和自己同居的土著女子爱塔在他死后将这幅杰作付之一炬。

有人说，读懂一本小说，就是多活一次人生。阅读这部小说，我们便会产生一系列绵长的疑问：思特里克兰德为什么要出走？怎能抛弃妻子如此绝情？为何能坚持得下去？他的创作理念是什么？他究竟是怎样绘画的？为什么要烧掉自己的杰作？……如果小说是要挖掘隐藏在人们心灵深处的思想活动，毫无疑问，毛姆是出色的。《月亮和六便士》以"我"为叙述视角,通过"我"对画家的观察和认识,带领读者逐步走进其内部,这不止是一次旅行,更像是一次险象环生的探险。翻译家傅惟慈在译本"序"中说:"他的笔锋像一把解剖刀","他对待自己笔下的人物常采取一种医师、'临床'的冷静态度,既不说教,也很少指出伦理是非,一切留给读者判断"。

然而,整部小说中,思特里克兰德却很少直接展现其内心世界,下面的"自白"算是笔者对其心灵世界的一次"窥探"。

一个人要是跌进水里……
——查理斯·思特里克兰德的自白

"我告诉你我必须画画儿。我由不了自己。一个人要是跌进水里,他游泳游得好不好是无关紧要的,反正他得挣扎出去,不然就得淹死。"

读到这句话时,相信大家一定会为"我"点赞。

是的,我抛弃了"尊贵的"英国人身份,来到艺术气息浓厚的巴黎寻求梦想。贫穷、饥恶、疾病,常如魔鬼一样啃噬着"我"的肉体,这一切又算得了什么,怎能让我丢弃对绘画的神往?嘲弄、误解、咒骂,从来就没有从我的耳朵和视网膜里消失,但我对这些一向置之不理——真正有理想的人从来都是心无旁骛的。

画室是我的私人领地,或者说是我的王国,我就是国王,虽然这里常常是"破败不堪"、"家徒四壁"。我对一味沉溺在对过去画家的模仿中的绘画厌恶不已,荷兰画家施特略夫的画室就让我从心底里鄙夷,石膏像、名人画复制品……他狂热地爱着这些曾经的伟人,匍匐在他们的脚下。要知道,艺术从来都是有灵魂的，拥有灵魂的人才能创作属于自己的作品，盲目的热情只会将自己灼伤，以至于烧毁。莫奈、赛尚、凡·高对我而言只是一个个过往的名字，他们都不是我的老师。我只遵循内心的召唤，线条、形状和颜色都是我的奴仆，它们构成的画面就是心灵的密码，灵魂才是我的导师。我要表现的不是灯光照射下的精致客观世界，而是潜流暗涌，或者一闪而过，或者静若止水的无垠内心。纤毫毕现、精细传神也不是我的追求，它们必须是扑面而来的震动，或者"莫名其妙"、"不由自主"的震撼。

我的画不是用来展览而后出名的，也不是拿来换钱而后锦衣玉食的，绘画于我只是一种生命存在的方式，我必须用绘画来拯救自己猥琐、平庸的生活，也只有绘画才是我活命的理由。我一直在向前走，必须为自己的灵魂或者绘画，找到一个屏蔽了物欲和名利的，没有闲杂人等打扰的清净世界。

在偏远的塔希提岛上，我找到了灵魂漫游之后的归宿。"原始的"塔希提让我心醉神驰，整齐、干净、洁白、文雅，绚烂的色彩激荡着我的内心，纯朴、善良、死心塌地、毫无索取地爱着我的爱塔让我心无挂碍。很庆幸，高速运转的艺术生活，让我甩掉了沉重的肉身，拥有了一颗纯净的灵魂，我将这颗灵魂安放在岛屿的深处。叠抱的山峦，高大的芭蕉树，旺盛茂密的椰林，带凉台的本色木屋，梨树、芒果树……这些都是我创作的源泉，随处可以见到"使自己的灵感开花结果不可或缺的事物"。

啊，伊甸园，这就是我苦苦追寻的世界！椰子树、榕树、火焰花、鳄梨……还有撕去疲惫伪装的赤身裸体，我拿起画笔，跟随着灵魂的步伐，在木屋巨大的四壁上游走。自然、自由、短暂、永恒，宇宙、人类，心灵、灵魂，崇高、冷漠，美丽、残忍……绘画已经不是目的，喷薄才是我的状态。我倚靠在门框上，凝视着自己的作品，天使从眼前飞过，心头飘来一阵远古的歌声……

病菌从来就不嫌路途遥远，可恶的麻风病剥夺了我的健康和赖以生存的经济基础，肌体在病菌形成的巨大磨盘中变得千疮百孔，然而我的灵魂却获得了无边的自由。肉体的眼睛已经瞎了，但灵魂的双目却睁开了，我彻底解放了，生命正由萧索的光明走向葱茏的黑暗！大恐惧来临，我格外地镇定，缠绕不休的魔鬼都被我赶出了家园。作品既已完成，又何必留在尘世供人指指戳戳，傲慢的眼神或者下跪的双膝都会让我觉得屈辱，索性付之一炬，就像我的灵魂一样燃烧吧！

在漫长的黑暗地下岁月里，我感受到了从光明地带传来的微风。是的，我成功了，被活着的人惊呼为"天才"！

"天才"，多么曼妙的词汇！在常人眼中，它是巅峰的云朵，彩虹上的赤橙黄绿青蓝紫……但在我的眼里，它却是一个大惊小怪、惊慌失措的词语。世人只看到我生后成功的结局——一幅画可以换来无数的六便士，却很少能像英国作家毛姆一样在我的灵魂深处探险。是的，我的灵魂沟壑纵横、怪石嶙峋，并不似想象中的那么一览无余。

有一点必须告诉大家，我并不是一个值得顶礼膜拜的"道德模范"，更不是世人推崇的"德艺双馨"的典型。如果有人想用我的故事给小孩子们励志，那就大错而特错了！

为了绘画，我在四十岁时放弃了体面的经纪人职业，没有征兆地远走巴黎，让妻子儿女的生活陷入困境；为了充实空虚的心灵，我接受了朋友施特略夫之妻勃朗什的爱，然后决然地抛弃了她……"经纪人"、"丈夫"、"父亲"、"朋友"……我甩掉了一个又一个看上去重要的身份,赤裸着身体跌进了灵魂的河流。

你可以当着我的面骂我"无耻",也可以对着我的墓穴咒骂三天三夜。我不会责怪你,也不指望人们将我的名字刻在光荣的石碑上,因为你不是我,你也许并不懂我的心。

知道吗?"甩",虽然就一个字,我却挣扎了很多年。

小时候,我就酷爱画画,固执的父亲认为这不会是一个好职业,替我选择了挣钱的专业。他那被世俗磨得发硬的心,哪里能懂得我柔软的梦想,要知道每个孩子的灵魂深处都有一个天使!尔虞我诈的经纪人生活和天使般的绘画理想,无论如何都无法和谐相处。

后来,我结婚了,太太是一个削尖脑袋想挤入上流社会的女人。我勤奋地工作,换来的是她那无休止的家庭聚会。作家、军官、议员、太太、小姐、汤、鱼、小菜、烤肉、甜食,政治形势、高尔夫球、孩子、戏剧、绘画、天气、度假计划……就这样,我一直在消磨着自己的心智,把短促的生命交给了这令人费解而又无聊的应酬。克制,克制,再克制,我努力配合着太太的癖好,尽一切可能做"最好的自己"。怎奈,我实在不善于和女客们交往,也找不到合适的话题,她们的脸容常常有些疲惫。而这一切自然都逃不了我太太犀利的眼睛,她总是将焦虑的目光落在我的身上,这让我无可辩驳、无可逃遁。

四十岁那年,小天使从我的灵魂深处飞来,一把将我推进了绘画的河流。我能怎么办?我必须奋力挣扎,拼命地游泳。既然是游泳,就必须甩掉一切可能的负重。太太、儿女有他们的生活,与我的追求格格不入,迟早有一天会将我逼疯;施特略夫泥古不化，他只能是一个讴歌者不能成为一个歌唱家，这样的人不可深交，否则将会压扁我扩张的大脑；勃朗什也许是出于对施特略夫的厌倦，疯狂地爱上了我，然而，这样的爱让我感到压抑，充满了控制感……必须将他们甩掉，否则，我将被淹没直至死亡。

我知道，在世人的眼里，良心是每个人心头的岗哨，"它在那里值勤站岗，监视着我们别做出违法的事情来"，"人们说服自己，相信某种利益大于个人利益，甘心为它效劳，结果沦为这个主子的奴隶"。然而，我是在游泳，不是走路，我要而且必须做自己的主人，良心不能救我的命！

其实，我是一个不善言辞、更不善于辩论的人，弄不好还会不择词汇地"爆粗口"，这些年我已习惯了一个人在黑暗中抚摸过往、自言自语，但也很难说我已经读懂了自己。有些话毛姆在《月亮和六便士》中已经替我说了，还有些话我已经将它们带进了坟墓。我知道，白纸黑字说出来的常常是最苍白的，文字背后的想象才是最丰富、生动的，但愿我的这点自白能让你在阅读时想象更饱满。

我已经挣扎着游到了人生的彼岸，此刻正在幽暗的墓穴里，注视着你们的抉择——究竟是天空明媚的月亮，还是地上发光的便士？

2015 年 3 月

有些阅读，是不能打断的

看完关于杨绛先生《老王》的三个教学设计，我猛然想起前几天一个学生的疑问："老师，从小到大我们读的文章可以说'成百上千'，为什么还是读不懂课本上的文章？"

这个疑问隐含了几个信息：(1)阅读量的积累与阅读水平的提升之间失衡了；(2)这位同学似乎没有形成"阅读经验"；(3)他的阅读方法可能有偏差；(4)他接受的阅读教学可能存在问题。显然，(1)(2)是现象，(3)(4)是原因。

其实，学生的阅读方法存在偏差，这和教师的引导、指点不当直接相关。从这个角度来说，这两个问题都可以归结为一点：教师的阅读教学存在问题。

那么，我们的阅读教学究竟出了什么问题？

综观这么多年来的阅读教学情况，"教学法"不可谓不多，几乎每一个"名师"都有属于自己的阅读教学法，只不过有的是"汪洋一片"，有的是"星星点点"。既然"法可充栋"，为何如今学生的阅读能力却每况愈下呢？

这个问题看上去很复杂，其实很简单。但凡经典都是有个性的，这正如人一样，每个人都是独特的个体。我们要接近、熟悉、了解一个人，所采取的方式和方法不一定是一样的。但不得不说的是，我们的中学阅读教学正在做一件令人费解的事：企图用几个固化的模式去"套"千差万别的独特的"这一个"，其结果常常是挖空心思却不得其径。

鉴于此，语文教师首先必须了解阅读文本的个性是什么，然后才能考虑怎样走近它，进而和它交流。杨绛的散文个性是什么？我读过她的《干校六记》《将饮茶》《杂忆与杂写》等作品，就我浅薄的见识来说，可能是"冷静从容，冲淡自如，饱含情感，不露痕迹"。读杨绛的散文，就像在一个深秋的下午，坐在阳台上，阳光不冷不热地照着，听一个饱经沧桑的优雅娴静的老人讲那过去的故事。这里有的是不可剪短的"语意流"，不可"强拆"的情感高墙。因而在我看来，对这篇文章进行"手术刀式"的图解教学是"残忍的"。《老王》这篇文章，有的教材编入了初中课本，有的编入了高中课本。不管怎样"编排"，我都觉得，这篇文章的首要教学目标不应当是只言片语的解读，而应当是整篇文章留给我们的情绪体验和理性思考。在我看来，《老王》这篇文章其实不只是一篇散文，更像一首诗，我的同事周春梅老师有一句发人深省的话："诗，是不能打断的。"

也许会有人这样质问我：果真如此，学生一定不能准确把握文中词句的深刻内涵！

不可否认的是，有的文章确实需要我们字斟句酌，也需要理解每一句话的含义。但在我看来，情感类文章往往是不必缠绕于此的。情感类文章不同于说明文，说明文可能要这样做，因为看不懂就无法了解说明的事物。情感有时是模糊的，是个性的，是即时的，我们在设定这类文章的教学目标时，是不是一定要让学生"什么都明白"呢?个人以为,这是不必要的,也是不科学的。经典是一时的经典,还是一辈子的经典?如果只是"一时的",那么它可能是粗疏的;如果是"一辈子的",它才是历久弥新的。人们不是常常这样劝慰情感遭受挫折的人吗:"慢慢过,以后你会明白的。"像这样表面看似清澈见底,内里却千回百转的真情文章,我们又何必强求学生"当堂明白"呢?

过去,我们见到太多的"堂堂清"语文课。只要长期观察这些老师的课堂,就会发现其所在班级会滋生一些不妙的情况,诸如:

(1)教师想让学生"懂",学生的能力却不能"懂",只好"不懂装懂",一派表面繁荣,久之便易形成一股浮躁之风。

(2)教师用自己的方法强行让学生"懂",学生被动地"懂"了,其实并没有"心为所动",容易"只见树木,不见森林"。

(3)在教师的"精心解读"下,学生将一切都"摸透了",主动阅读的兴趣也就消退了,从而造成轻视阅读、拒绝阅读的尴尬局面。

话又说回来,《老王》这篇文章中"最难理解"的一句话是"我渐渐明白:那是一个幸运的人对一个不幸者的愧怍",其他的句子对学生几乎形不成阅读障碍。然而,这个所谓的"最难"理解的句子,真的难到一定要通过各种手段来理解的地步吗?说实话,一篇能编入初中教材的文章,对高中生来说阅读难度应该是不大的。阅读教学中流行一句行话"深入浅出,浅入深出",但这句话不一定适用于像诗一样的情感类文章。

我以为,任何强制性阅读教学,都有一个致命的硬伤:眼里没有学生,更没有"人"的概念。"眼里没有学生",这是因为很多教师还没有弄清楚自己在阅读教学中的角色。就《老王》这篇文章而言,教师的角色不是什么都明白的"万事通",也不是到处指点迷津的"一招鲜(仙)",而是"一起哭,一起笑,一起唠唠叨叨"的友朋。谁能说"杨绛的心思我都明白",学生不能,老师也一定不能。所以,我们不必用"学术权威"的样子吓唬学生,将原本正常的人间小调,弄成"此曲只应天上有,人间哪得几回闻"的"交响乐"。

本次提供的三份案例,应当说各有千秋。案例一节奏性强,"初读课文,认识老王"、"细读课文,评说老王"、"研读课文,品味老王"、"品读课文,追思老王"、"联系实际,关注'老王'",教师能较好地掌控课堂;案例二效法古人,以"批注点评"法教学,品读味道浓,能锻炼学生理解基础上的书面表达能力;案例三从人物之间的"会话"角度教学,研究性强,能从一个别样的视角切入文本,让学生获得新的阅读感觉。但是,在我看来,案例三像论文,学术味道过浓,学生未必"吃得消";案例二破坏《老王》原本连贯的气韵,有点像"打碎瓷瓶用显微镜看",因小失大了;案例一力求让学生全面"懂"得,亦步亦趋得有些机械。

那么,究竟怎么"教"才好呢?请允许我选择"课程标准"里一段关于阅读鉴赏的文字与大家细读:"阅读优秀作品,品味语言,感受其思想、艺术魅力,发展想象力和审美力。具有良好的现代汉语语感……体味大自然和人生的多姿多彩,激发热爱生活……追求高尚情趣,提高道德修养。"

大家看明白没有?这里只要求在"品味"、"感受"、"体味"之后做到"发展"、"激发"、"追求"、"提高",而不是"一定要实现"。"课程标准"已经将阅读放在人的一生这个长远的角度来看,作为践行"课程标准"的一线教师,又何必如此执着地企图"一步到位"呢?要知道,学生是发展中的人,而不是"到此为止的人"!

因此，像这样一篇情感饱满而不夸饰、潜流暗涌而不机械单调的作品，我更愿意让学生去"整体感知"，去"默默感悟"，去"轻声朗读"，去"交流体会"……对这篇文章而言，艺术手法、遣词造句已经不重要，重要的是"真切的情感"。

在片面追求升学率的今天，阅读已经变得浮躁，阅读教学也已变味儿，能"将作品当人来欣赏，将作家当常人看，将学生当成正常人来看"的，当今之世能有几人欤？作为一个人文学科的老师，我祈愿，但愿我们的阅读教学不要成为扼杀学生阅读兴趣的推手！否则，那就真是"一群'不幸的人'对另一群不幸者的戕害"了。

最后，我想再次呼吁，像《老王》这样的真情文章，不必"撕毁给人看"，还是让学生自己去读吧！

2012 年 10 月 12 日

吟不尽，唐风宋韵好辞章

记得大学古典文学老师问我最爱什么，我说："我爱唐诗宋词胜过爱我自己。"许多同学笑了，认为我是"做作矫情"。"为赋新词强说愁"的年龄让人觉得可笑，但于今回忆起来倒是颇有些意趣。

古典的情绪和抒写方式是否已经过时？大学同学的哂笑已经存在了记忆的相册，逐渐发黄、模糊，但这个问题却困扰我多年，而且越发地清晰。彷徨不是彷徨者唯一的选择，走上工作岗位，我还在唐诗宋词的天堂里行走。"日出而作伴诗风，日暮而息聆诗韵"，是头三年的生活写照。《唐诗三百首》《宋词三百首》这两本书也许不出奇，但它们却是我贫乏、贫困时期的最好伴侣。忽然想起马克思的《致燕妮》，改用其中的两句话，也许颇能诉说我的心境，"诗词/在我的眼里/你的每一个字母都显得那么神奇"。咀嚼之后才知诗有味，品评之后方知诗出彩。我买了这两本书的三种版本，图文并茂地置于床头，文白对照地放于教室，汇编研究地搁在办公桌上。一样诗词，三种情境，五脏六腑思绪，真正的是"别有怀抱"。至今，还很怀念刚工作的三年。我是单身却不孤单，叮咚作响的古老木楼是我临时的家，平平仄仄的诗词是我永恒的家。夕阳西下、夜深人静，空旷的校园稀疏得只剩下了我自己，这时于我最惬意的事便是仰面躺倒在竹藤椅上，沉浸在乔榛、丁建华、焦晃等名家朗诵的唐诗宋词中。二胡、古筝、古琴的协奏，富有磁性而不夸饰的朗诵，一下子便将我这个"粗大汉"送到了遥远的唐宋。

曾有一个梦想，"当得闲人游四海，做个诗仙飞宇宙"。大学四年，我去过许多诗人的起点和终点，寻觅他们青春的影子，感受他们临去的思索。时间似乎只剩下了两个点，这中间曲折离奇、变幻莫测的内容又让我向往不已。2002年，我辗转调动到江宁县中。很多人用奇怪的眼神看着我这个异乡人，不知道我来到这个有些偏僻的地方的原因。我没有说，因为说出来也没有人相信，我不但是为爱情而来，也是为金陵的诗韵而来的。驮着诗词来到江宁的我，首先拜访了南唐二陵，用整整一天的时间来凝视这两座并不宏伟的古墓，想起南唐的历史，想起李昪干练老道的政治才干，想起李璟优柔寡断的无奈，想起坟墓远在几千里之外的李煜无可奈何的愁怨，想起千古诗人的幸福和不幸，想起历史和现实，想起过去和未来，写下了《南唐二陵访古》一文。然后我又去了东山，想起李白的《东山吟》，想起白居易的《题谢公东山障子》，想起王安石的《游土山示蔡天启秘校》，想起辛弃疾的《贺新郎·题赵兼善东山园小鲁亭》，写下了《今人东山吟》。我又去秣陵关感受吴敬梓"一带江城新雨后，杏花深处秣陵关"的情韵，写下了《秣陵关外情外情》……

2008年到附中工作，是我人生的又一幸事。过去的六年，我只认识16路公交线和城西干道。金陵诗韵只在玄想里，很少触摸过、走进过。到南京之后，我终于有了更多亲近金陵诗韵的机遇。杜牧《后庭花》中的"烟笼寒水月笼沙，夜泊秦淮近酒家"，不再陌生；刘禹锡《石头城》中的"淮水东边旧时月，夜深还过女墙来"，不再抽象；辛弃疾《八声甘州》中的"把江山好处付公来，金陵帝王州"，不再艰深；文天祥《酹江月》中的"伴人无寐，秦淮应是孤月"，不再孤立；王安石《南乡子》中的"自古帝王州，郁郁葱葱佳气浮"，不再模糊；李清照《临江仙》中的"庭院深深深几许，云窗雾阁常扃，柳梢梅萼渐分明，春归秣陵树，人老建康城"，不再误解……南京是个好地方，豪气在酒里，婉约在花里，失落在城里，寂寞在水里，而韵味在诗里。"去留金陵人莫问，悠闲自得有谁知？"哪怕是在灾难深重的高三"教考"岁月里，我也没有丢弃我的情人——唐诗宋词，"读这样的诗句，写这样的诗句，刻这样的诗句在心里"。如今，于我，没有唐诗宋词的日子，就像在沙漠里行走，干燥得失去了血色，快要丢掉生命。

"诗歌可以怡性情"，这是一句很多人熟悉得几乎可以忘却的名言。不读诗歌的人，丢掉的岂止是文学修养，更多的是对美好人生的渴望和不懈追求。前几天，惊闻有人仇恨社会，发私愤而砍杀儿童；又闻富士康员工惨烈"十二跳"。课堂上和学生探讨这些事，大家慷慨陈词，大多以为社会如何之不公，人性如何之沦丧。可在我看来，诗情的落寞也是导致这些憾事的重要原因。他们只知道自己痛苦，却不知道千古以来苦人多。细数古代诗人们的遭遇，有哪个是一生平安的呢？有人平步青云却突遭冷遇，有人红极一时却突遭贬谪，有人积极仕进却一生坎坷，有人满腔赤诚却屡遭戏弄……你的愁苦只是历史长河中"浪花一朵"，只要你愿意，你可以做陶渊明，采菊东篱下；可以做王维，身在其中乐在其外；可以做苏轼，物我两相忘。当然，最好是做李白，一生求索丈夫本色；或者做范仲淹，庙堂、江湖都有忧乐。写到这儿，忽然对李白"问余何意栖碧山，笑而不答心自闲"两句诗有了特别的感触，至于究竟是什么,就"笑而不答"了吧!

诗词不是装饰品,大观园里的语文活动让我有些羡慕。春树、秋花斜诗行,诗社、茶社聊诗情,更有自由阅读、自主探究,诗兴盎然,其乐融融。有人说,香菱学诗是为了装点门面。我不同意这样的说法。香菱并没有多少文化,写诗对她来说难度是可想而知的。她完全可以发展其他才能,譬如理财能力、管理能力等,哪一条路不比写诗来得快啊!更何况,林黛玉开列的诗歌数量巨大,又要细读、领悟、转化、实践,真是千头万绪。如今,我们大多在功利地读诗,"一套术语,三个步骤,五种题型,七八个拼凑"的"诗词鉴赏"模式,已经横陈万里,绵延几十年。可是,读诗词不净心,真的难识甘味;不去功利,又是难懂诗情啊。

在南通工作时,我有一个亦师亦友的同事陆精康老师,他在古典文学方面颇有造诣,曾教导我说:读书要读原著,"双眼自将秋水洗,一生不受古人欺"。在他的感染下,我开始通读《全唐诗》和《全宋词》,于今已历十年。去年我又开始阅读历代诗话、词话。(唐)皎然《诗式》之独到,(唐)司空图《二十四诗品》之轻巧,(宋)尤袤《全唐诗话》之全面,(宋)欧阳修《六一诗话》之深刻,(宋)陈师道《后山诗话》之熨帖,(宋)周紫芝《竹坡诗话》之兴味,(宋)吕本中《紫微诗话》之精确,(宋)叶少蕴《石林诗话》之干练,(宋)姜夔《白石诗说》之绵密,(宋)严羽《沧浪诗话》之深邃……这些古人书,让我看到了今人难见的厚重与才情。它们或关于审美,或关于题材,或关于技巧,或关于心理的探讨,在我的面前呈现出一派丰富而多姿的画卷。

以前读过郁贤皓的《李白集》,走马观花,没有全局观念,自以为已经懂得了李白的心。当读完李白所有的诗文,又读到杨义的《李杜诗学》,我才知道李白原来是"在离灵魂最近的地方写诗的人",过去的自己是多么的肤浅!前一段时间,我一直在思考李白的"发问意识"、"时空错位的审美"。查漏补缺,爬罗剔抉,发觉古人研究很少关注李白"发问现象",不揣浅陋地写下《浅谈李白诗里的"问号现象"》。十多天前,我被古诗词中的"忽"字现象吸引,查阅《全唐诗》,曹道衡的《乐府诗选》,丁夏的《魏晋南北朝诗卷》,余冠英的《汉魏六朝诗选》,曹道衡等的《魏晋南北朝诗选评》,沈德潜的《唐诗别裁集(上下)》,唐圭璋的《全宋词》,钱锺书的《宋诗选注》等书籍,历览了1000余首"忽"字诗,写了《古诗词中"忽"字的情韵解读》;这一周,我总结了自己关于唐诗宋词中动词炼字的做法,写了《浅谈唐诗宋词中动词炼字教学》……虽没有什么惊天动地的发现,但都是自己的真感悟。前夜、昨天、昨夜、今晨,我读了唐诗宋词里的150首咏花诗,忽然感觉自己先前关于景物观察的四个字"望、闻、问、切"的总结有了古代的证明,也正在尝试着如何让学生从这些咏花诗中,获得关于这四个字的更深切感悟。

……

"唐风宋韵好辞章,使尽平生吟不完。"我是唐诗宋词的"粉丝",这里有我青春年少时的精神偶像,有我自满急躁时的严师慈父,更有我失意落魄时的知音好友。有人说我脾气好,"很贤惠"。其实,我只是在唐诗宋词中得到了一点濡染而已。

2010年5月31日

回到真实的孔子

从什么时候开始,孔子的形容逐渐变得模糊?背影开始扭曲?矫饰而夸张的解读,脸谱与概念化的模型,已然让两千多年前活生生的孔子变得不够真实。孔子是谁?谁才是真实的孔子?这是久存于我内心的疑问。

我与孔子结缘,是在人生最困顿的时候。曾经有一段四年如一日,每天四小时的挤公交车的生活:拥挤、窒息,夹杂着各种混合气味,数不尽的红绿灯与紧急刹车的难受劲儿,让我苦不堪言。就在这时,我得到一本上海古籍出版社出版的"掌上小书"《论语》,决定每天无论"坐车"还是"站车"都拿出来读一读。未曾料想,一读就是四年,虽然《论语》里的句子烂熟于胸,但其中的精髓却未能深入洞悉。在以后的日子里,我时常拿起《论语》,品一品其中的滋味,不断积累自己的阅读感受。随着"娱乐教授"于丹女士讲《论语》的开播,全国上下形成了空前的"国学热"。但是只要对"国学热"稍作"冷思考",便不难发现所谓"国学热"很大程度上只是一副皮相。有人想扬名立万而"趁热打铁",有人想捞取资本而"浑水摸鱼",有人想排除异己而"借力打力"……很少有人,如钱穆先生和他的追随者一样，回到原点读孔子，冷眼热心看世相。

"国学"是关于国民精神的学问，只有从精神的本源出发，将关于"人"的命题锤打得火星四溅，才算是"真"研究。第十届中华传统文化研修班，让我看到了国学的希望，更在我的心中种下了一棵"修身立人"的理想树。

"修心"是《论语》中反复强调的，也是中华传统文化研修班的旨趣所在。钱逊教授强调"德不孤，必有邻"，徐锦尧神父侧重"平天下、治国、齐家、修身、格物、致知、诚意、正心"，黎明钊教授提倡培养为生民立命的"良吏"，梁瑞明院长畅谈"以修养工夫言仁"，刘国强教授阐述"传统修养智慧在职场的应用"……研修班历时七日，几位学者始终陪伴，谦恭有礼，令人感佩。香港中文大学新亚书院立于高山之巅，云烟往来纵览人间是是非非，更有学者儒雅文风习习，"修心"之言山谷回音，脑海盘旋。

《论语》中孔子和他的弟子一再强调"修行"的重要性，巧言令色不配称"仁者"，先做再说才是真道理。研修班中出席的诸位学者都是"行动的高人"，绝非夸夸其谈的口舌之士。他们将自己的讲稿做成了PPT，并印发给所有学员，资料翔实，出处精确，没有发现一处错别字！在"蜻蜓点水也张狂"、"无错不成章"的今天，这确实难能可贵！钱逊教授立足"时人眼中的孔子"，当他讲到《述而》中"天生德于予，桓魋其如予何"这一句时，并没有仅作字面解释，而是进行多层次深入剖析，既帮助我们理解了句子的意思，又演示了《论语》的一般研究方法：由外到内、由此及彼。钱逊教授可谓"讷于言"，但是解句释义总是切中肯綮、要言不烦。

为什么时下人们不怎么喜欢自己阅读孔子？为什么每当学者宣讲儒家思想时人们总是敬而远之？钱穆门生辛意云教授说"孔子是一个生动的人"，这句话甚合我意。无论是当年公交读《论语》，后来书斋读《论语》，还是如今书院读《论语》，我分明感受到孔子的生命也有发生和发展的过程，他其实离我们不远，是"活生生的这一个"。孔子除了充满智慧的一面，也有因误察表象而诚心忏悔的一面；除了严肃论理的一面，也有玩笑幽默的一面；除了谦恭礼让、温柔敦厚的一面，也有咄咄逼人、大发雷霆的一面；除了从容应对复杂事理的一面，也有心怀困惑和不能应对的一面；除了有执著于救民倒悬、解除国难的雄心壮志，也有风乎舞雩、对坐山林的闲情逸思……

如今读孔子、研究孔子，不应割裂历史，但又不能唯历史。注重历史背景，是尊重孔子思想的本源意思，也是剥去历朝历代解说中穿凿附会外衣的不二法门。而思索《论语》及孔子思想的现实意义，使其发挥厚重而充满朝气的现实价值，则是我们必须侧重思考的。将孔子奉为神灵，唯其言是从者是"懦夫"；将孔子视作腐朽的代名词，试图与其决裂者是"浑蛋"；只有睁开眼睛，还原一个真实而又鲜活的孔子，批判、继承、发展者才是智者。孔子自言："吾十五有志于学，三十而立，四十而不惑，五十而知天命，六十而耳顺，七十而从心所欲，不逾矩。"可见，孔子也不是天生的智者，而是一个发展中的人。作为后来者，敬重孔子并不意味着蜷缩不前。远望孔子离去的背影，我们不必自卑，不必慨叹难以望其项背，而是应当先追赶，再与他同行，然后实现超越。

孔子是谁？他是一个将"平天下"放在第一位，而又特别重视修心和立身的成长中的人。真实的孔子哪里去了？他就是钱逊、辛意云、秦兆芬、徐锦尧、梁瑞明、黎明钊、刘国强等真情、真意、真心的学者教授，就是中国教育学会、素书楼基金会、香港中文大学、新亚中学的有志、有识之士……他，其实就在我们的身边。

2011年7月于香港中文大学新亚书院

书　摘

好仁不好学，其蔽也愚；好知不好学，其蔽也荡；好信不好学，其蔽也贼；好直不好学，其蔽也绞；好勇不好学，其蔽也乱；好刚不好学，其蔽也狂。

选摘自程树德著《〈论语〉集释》第四卷（中华书局）第1210页

愿中国青年都摆脱冷气，只是向上走，不必听自暴自弃者流的话。能做事的做事，能发声的发声。有一分热，发一分光，就令萤火一般，也可以在黑暗里发一点光，不必等候炬火。

选摘自鲁迅著《鲁迅全集·热风（单行本）》（人民文学出版社）第29页

孩子到学校，最主要的事便是学会与世界真正联结。所谓"真正联结"，不是肤浅的人际关系，而是把孩子的主体生命经验与不同时空下的人们探索世界所留下来的创造经验联结，但联结的方式不是不经整理的拼凑接合，而是让孩子通过生活与思维使他原有的经验网络不断往外延伸。

选摘自黄武雄著《学校在窗外》（首都师范大学出版社）第39页

教育是"慢"的事业，它的特征最像农业和林业，不能依赖"硬件设备"，不能强调资金投入，不能指望加班加点，不能靠使用生长激素。

选摘自吴非著《致青年教师》（中国人民大学出版社）第173页

当一个人领悟了真正的信仰，他身上就会发生变化，如同一个人在黑暗的屋子里点燃灯火。一切都会变得明亮，而心灵就会变得欢乐。

选摘自［俄］列夫·托尔斯泰著，王志耕译《生活之路》（商务印书馆）第 3 页

契诃夫说过不少听了让人心动的话。我特别喜欢其中三句。
一句话出自他的一封书信："把自己身上的奴性一滴一滴地挤出去"；
一句话出自他的一条札记："尊重人是何等的享受"；
一句话出自他的一个剧本："人的一切都应该美丽的——无论是面孔，还是衣裳，还是心灵，还是思想。"

选摘自童道明著《我爱这片天空——契诃夫评传》（中国文联出版社）扉页

谈论书籍的时刻，应当成为师生精神交流最灿烂的时刻。书籍给予他们的是无与伦比的满足。从童年时代起，就让一个人向往能留下深刻印象的聪慧而高尚的书籍，就让思索成为他最大的乐趣，这一点是何等重要啊！

选摘自《苏霍姆林斯基选集》第五卷（教育科学出版社）第 768 页

我由衷希望年轻时能有个判断力强的人来指导我阅读。回想在那些对我没太大益处的书上浪费的大量时间，我就会发出叹息。

选摘自［英］毛姆著，孙戈译《总结：毛姆写作生活回忆》（译林出版社）第 81 页

读书若想有一个值得称道的开端，就必须先把这样的成见统统驱除掉。我们不应该对作者发号施令，而应该设身处地为作者设想——成为作者的合伙人或同谋。

选摘自［英］弗吉尼亚·伍尔夫著，刘文荣译《伍尔夫读书随笔》（文汇出版社）第 4 页

编后记

二零一三年，我主编的《迷人的阅读》在华东师范大学出版社出版，那本书里收录十名教师的读书笔记和对阅读生活的回顾。原以为一本谈读书的书不会有多少读者，没想到竟颇受好评。有的学校集体购买，组织教师们共读。有的学校将书中提到的书籍悉数买来，放入图书馆。《迷人的阅读》的策划编辑朱永通君说，再编一本"姐妹篇"吧。我欣然答应。

本书的六位作者有的是工作在教学第一线的普通教师，有的是享誉全国的校长、名师，有的是已经退休的大学教授，都是读书人、爱书人。还是那句旧话，因为工作不同，生活阅历不同，因此他们所读之书，读书的体悟也有诸多不同，这些不同会为读者带来不错的阅读体验。

《小窗幽记》中有言：闲中觅伴书为上，身外无求睡最安。"身外无求"不是一般人能做到的，特别是在当前。但受过教育的人闲暇时拿本书翻翻，还是应当的。教师更应每日有静心读书的时间。获得多少信息，是其次。主要是用读书修性养心，然后平和理性地做好一天又一天的教育工作，造福学生。

最后要感谢吴非先生赐序。原本想请先生从旧文中找一篇谈阅读的文章作为代序。先生却在两天内特意写来序言。前辈奖掖后进若此，我感佩在心，必当努力前行。

朱　煜

二零一六年十一月二日